RUTH KNAUP

CÉLIBATAIRE, *et alors ?*

VIVRE LÉGER

Dans la même collection VIVRE LÉGER

Hypersensible et bien dans ma peau, Susanne Moeberg
Assez trimé !, Barbara Berckhan
S'aimer rend fort, Stefanie Carla Schäfer
Je lâche prise, Heike Mayer
Merci, ça ira bien comme ça !, Gabi Ingrassia
Je lâche tout ça !, Pia Mester
Enfin libre dans ma tête !, Angelika Holdau
Je lâche mes croyances limitantes et j'exauce mes rêves, Barbara Berckhan
Créer du lien et convaincre, Bernd Görner

Catalogue gratuit sur simple demande
Éditions Jouvence
France : BP 90107 – 74161 Saint-Julien-en-Genevois Cedex
Suisse : Route de Florissant, 97 – 1206 Genève
Site Internet : **www.editions-jouvence.com**
E-mail : info@editions-jouvence.com

Titre original : *Single – na und?*

Traduit de l'allemand par Nina Prinzhorn
ISBN : 978-2-88953-123-3

Mise en pages : François Grandperrin
Couverture : Éditions Jouvence

RUTH KNAUP

CÉLIBATAIRE, et alors ?

Se sentir bien et profiter de la vie

Traduit de l'allemand par Nina **Prinzhorn**

jouvence EDITIONS

VIVRE LÉGER

SOMMAIRE

BIENVENU !

En 1991, l'excentrique *girls band* berlinois Lassie Singers entonnait avec joie :

« Mon copain m'a quittée – je ne peux plus le blairer ! Enfin, enfin à nouveau libre dans la vie ! Et vous, ça ne vous fait pas envie ?! »

Bienvenue dans votre existence de célibataire.
En réalité, seulement une minorité de femmes et d'hommes vivent leur début de célibat dans l'euphorie, comme un acte de libération. La plupart d'entre nous ont plutôt l'impression d'avoir fait cap sur les Caraïbes pour se retrouver au final tout seuls dans une gare enneigée à Lons-le-Saunier. **Mais je ne voulais jamais arriver là !** Comment s'y prendre pour repartir un jour d'ici ?
Nous faisons presque tous notre entrée dans le royaume du célibat par la porte de la souffrance.
Nous devions nous séparer et nous dire adieu. Et maintenant, nous nous sentons un peu comme des « naufragés de l'existence » ; mais arrêtons : est-ce vraiment ce que nous sommes ?

VOIR LE CÉLIBAT COMME UNE CHANCE

Pour la majorité des célibataires, il est difficile au début de considérer le fait d'être seul comme une chance. Peut-être que toi-même tu le vis comme une malédiction, un fardeau, une vacherie du destin que tu n'as jamais souhaitée. Néanmoins, tu en es là maintenant. Tu peux rester assis(e) dans la gare, pétri(e) de colère, et jurer en grelottant dans l'attente du prochain train (partenaire) pour repartir. Plus ça dure, plus tu deviens grincheux(se).
Ou alors tu te lèves, tu regardes autour de toi et tu découvres d'autres « naufragés » aux alentours ! Et que font-ils maintenant ? Peut-être sont-ils sympathiques et drôles ? Où allaient-ils ? Et où ont-ils trouvé ces délicieuses barres de chocolat ? J'ai réellement vécu cette situation un jour. Un dimanche après-midi en plein hiver, j'ai atterri avec trois cents autres voyageurs à la gare de Lons-le-Saunier au lieu de Lyon. Suite à un « accident de personne sur le tronçon de voie en amont », tout était bloqué pour un temps indéfini.
Après une phase de colère boudeuse, j'ai commencé à parler aux autres, et c'est ainsi que j'ai rencontré une spécialiste en littérature polonaise, deux

étudiants sportifs effrontés de Nantes et un couple drôle et plus âgé en route pour le mariage de leur nièce et devant se rendre rapidement à l'aéroport de Genève. Tous ensemble nous avons organisé un taxi monospace jusqu'à Mâcon, où chacun a continué sa route après des adieux vraiment chaleureux.
Où que tu atterrisses dans ta vie, lorsque tu regardes autour de toi, tu découvriras que tu n'es pas tout(e) seul(e).

FAIS-EN LE MEILLEUR !

Une aventure peut démarrer n'importe où, même à Lons-le-Saunier. Qui sait où le train t'aurait emmené(e) et si tu aurais vraiment pu être heureux(se) là-bas ? Maintenant tu es ici, dans ta vie de célibataire. Peut-être est-ce un bref épisode, ou peut-être pas. Dans tous les cas, tu feras bien de quitter tôt ou tard cette gare pour te rendre à un meilleur endroit, même si ce n'est que passager.

Cela me rappelle le conte des *Musiciens de Brême*, un merveilleux exemple : « Tu trouveras partout une meilleure solution que la mort ! » L'âne, le chien, le chat et le coq : cette courageuse petite troupe de vagabonds que le hasard a réuni décide de faire la route ensemble. Ils découvrent une maison habitée par des voleurs qu'ils délogent avec bravoure et créativité pour finir par s'y installer. En prenant les choses en main et en s'aidant mutuellement, ils trouvent un nouveau chez-soi, bien mieux qu'avant. Peut-être sont-ils **effectivement** enviables ?

Ce livre est un soutien pour toutes les femmes et tous les hommes qui refont actuellement leur vie sans partenaire fixe : qu'ils soient volontairement ou involontairement seul(e)s, fraîchement célibataires ou depuis longtemps, aimant les femmes ou les hommes (ou les deux), avec ou sans enfant. Il se divise en trois parties : dans la première, tu trouveras des inspirations pour te construire une belle vie avec toi-même. Dans la deuxième, il s'agit de ton environnement social et comment le consolider. Et dans la troisième partie, nous aborderons en détail la vie amoureuse des célibataires.

BONNE LECTURE !

P.-S. : Merci de me permettre de te tutoyer !

Chapitre 1

Être bien avec soi-même ! Comment se concocter une belle vie

Dans ce chapitre, tu apprendras :

- pourquoi le fait d'être seul(e) peut t'aider à te développer dans la direction qui te correspond ;

- comment bénéficier de suffisamment de proximité physique sans relation stable ;

- comment arranger ton logement de manière à être vraiment bien ;

- ce qui aide en cas de « blues du célibataire ».

POURQUOI EXISTES-TU ?

Dans *Un jour sans fin*, film aussi drôle qu'intelligent, le météorologue chroniquement grincheux Phil se retrouve soudainement enfermé dans une boucle temporelle : le célibataire est contraint de revivre encore et encore la journée du 2 février, et il est le seul à s'en apercevoir. Depuis la musique de son radio-réveil retentissant à 6 heures du matin jusqu'aux phrases d'accueil prononcées par ses collègues, tout demeure à l'identique. Que ce soient son envie pressante de coucher le jour même avec sa nouvelle collaboratrice ou encore une série de tentatives de suicides absurdes, dans son désespoir, Phil essaye tout pour échapper à cette boucle temporelle, mais rien n'y fait. Jusqu'à ce qu'il comprenne peu à peu sa vraie chance. Il se met à rattraper quotidiennement l'enfant tombant de la fenêtre dans la rue en jouant, se rend tous les jours après le travail à son cours de piano et s'exerce sans relâche dans le façonnage de sublimes sculptures de glace. Phil devient lui-même, uniquement après avoir abandonné son combat désespéré contre les circonstances extérieures immuables. Ce « nouveau » Phil est si attirant pour sa collègue qu'elle finit par être séduite, sans qu'il ait besoin de faire des efforts. C'est à ce moment que la boucle temporelle prend fin.

COMMENT VEUX-TU PASSER TES JOURNÉES ?

Beaucoup d'éléments de cette parabole filmographique s'appliquent merveilleusement bien à la vie de célibataire. Tu te retrouves en permanence confronté(e) à une situation qui ne semble pas évoluer. Plus tu t'acharnes à te sortir de cette stupide solitude, plus tu te fatigues – et cette existence figée et solitaire paraît te punir. Plus tu cours derrière cette vie de couple tant désirée et considérée comme « salutaire », plus elle semble s'éloigner.

De toute évidence, le chemin vers le bonheur est ailleurs.

Le théologien Eugen Drewermann dit : « La seule peur que tu puisses vraiment avoir, c'est de ne plus savoir au bout du compte pourquoi tu as existé. Le vrai danger est là. »

POURQUOI EXISTES-TU ?

Telle est la question décisive, et non pas de savoir si tu vis comme tous les autres ou si – à leurs yeux – tu as du succès. Pourquoi existes-**tu** ?
Pour le découvrir, tu n'as pas besoin d'être en couple, mais d'avoir ton cœur, tes yeux et tes oreilles grands ouverts. Même si tu ne crois pas en un dieu qui justifierait ta présence sur terre, tu peux faire le meilleur de ton existence. Tu peux contribuer tous les jours à la construction d'une vie qui te rendra heureux(se) – ainsi que ceux qui t'entourent.
Dans le film, le météorologue Phil se met à apporter tous les matins le café et les croissants à ses collègues. Quel nouveau départ dans la journée ! Il enlace cette vieille connaissance énervante qui l'aborde dans la rue, au lieu de la rejeter brusquement, et il devient un pianiste acceptable plutôt que d'essayer de conquérir à la va-vite des femmes quelconques.

POURSUIS TON PROPRE CHEMIN

Ce que Phil nous montre est le chemin vers une vie « durable », et cela malgré le fait qu'il ne dispose que de ce même jour du 2 février pendant des mois (ou des années ?) ! Il cesse de vouloir impressionner son entourage et de s'anesthésier en satisfaisant ses besoins immédiats à court terme. Il poursuit patiemment, gentiment et obstinément son chemin à travers sa journée jusqu'à ce que celle-ci change – d'elle-même. Tu peux faire exactement pareil ! Tu peux poursuivre **ton** chemin en utilisant et en développant tous tes petits et grands talents et préférences.

Tu peux saisir la chance offerte par ton célibat : celle de ne pas être obligé(e) de t'adapter à quelqu'un d'autre. Tu peux être attentif(ve) à ce qui se manifeste à l'intérieur de toi. Tu peux profiter de tout le temps pour te développer professionnellement, artistiquement et humainement dans la direction que tu veux prendre.

ÊTRE SEUL(E) RENFORCE TA CONFIANCE EN TOI

Le point commun entre la plupart des célibataires est la stigmatisation de leur condition comme un « syndrome de passage », selon le credo : « Ne te fais pas de soucis, tu traverses certainement juste une phase ! » Et après cet « épisode difficile », tu as l'injonction d'arriver là où toutes les « personnes normales » atterrissent : dans une relation à deux. Ne pas réussir donne lieu à pas mal de condoléances par des couples, mais aussi à des suppositions pour les « raisons qui font obstacle » dans le psychisme de la personne célibataire. Peut-être n'est-elle pas encore **mûre pour une vraie** relation ?

Lorsque j'observe certaines anciennes relations de couple, les personnes impliquées semblent être devenues mûres seulement pour l'asile. À cet égard, je remets fortement en question l'idée que la volonté absolue de demeurer dans une relation serait une preuve de maturité.

Ne reprochons pas aux célibataires un manque de capacité à se lier. Ne ferions-nous pas mieux de leur attribuer avant tout une saine envie d'autonomie, le courage de se développer et la confiance d'y arriver tout seuls ?

L'ÉCOLE DES CÉLIBATAIRES

Tu peux ainsi constater que des personnes restées sans partenaire pendant un certain temps ont souvent développé des compétences étonnantes – car il n'y avait pas d'homme pour percer le trou dans le mur et pas de femme pour recoudre l'ourlet déchiré. Elles ont appris à se débrouiller seules. Vu qu'il ne leur était pas possible de se restreindre exclusivement à la maîtrise de domaines « typiquement féminins » ou « typiquement masculins », beaucoup ont non seulement élargi leur répertoire de compétences pratiques dans la vie quotidienne, mais également leur connaissance de soi et leur confiance :

Larissa, 33 ans, psychologue, raconte : *« Lorsque je me suis retrouvée toute seule à assumer la rénovation de mon nouvel appartement, j'étais tout d'abord*

totalement paniquée ! Poncer et vernir les cadres des fenêtres ?! Mais je n'avais aucune idée de comment faire ! Alors je me suis fait tranquillement tout expliquer par un ami et j'ai emprunté ses outils. Et à chacune des nombreuses petites fenêtres, je comprenais mieux les enjeux. C'était un travail de dingue et, après les deux semaines nécessaires, j'étais physiquement totalement épuisée. Mais j'étais également incroyablement fière, heureuse et contente de moi ! Rien n'était parfait, mais c'était mon œuvre. Jamais je n'avais réussi aussi bien à bricoler dans un nouvel appartement. Depuis, j'ai une tout autre confiance en moi dans le "monde des objets". Lorsque quelque chose se casse, je ne me demande pas tout de suite : "Qui peut réparer ça et combien ça va coûter ?" Mais je réfléchis tout d'abord à une personne qui pourrait m'expliquer comment arranger cela moi-même et ce que je pourrais apprendre de nouveau. J'ai remarqué que les travaux manuels m'amusent beaucoup en réalité – même si je suis loin d'être experte ! »

Larissa a conquis un nouveau territoire : le « monde des objets », comme elle l'appelle. Au lieu de dépendre de l'aide des autres comme une enfant, elle prend en main la résolution des problèmes avec une nouvelle confiance. À l'inverse, beaucoup d'hommes témoignent de leur capacité à développer leur confiance en leur rôle de père uniquement après la séparation physique d'avec la mère. Maintenant qu'ils sont le seul référent responsable pour les grands et petits soucis de leurs enfants pendant des jours entiers, des week-ends et des semaines de vacances, ils réalisent :

JE SAIS LE FAIRE !

Je sais consoler mon enfant, le soigner, lui faire à manger et m'occuper de lui. Je suis un père à part entière.

Frank, 37 ans, employé de banque, témoigne : *« Lorsque nous vivions encore en famille, je me voyais toujours en quelque sorte en deuxième position en ce qui concernait les enfants. Quand Lina tombait, c'était toujours ma femme qui arrivait en premier pour la consoler. Il était clair qu'elle était l'interlocutrice numéro un et que je n'étais que le "baby-sitter de remplacement". Par conséquent, j'avais toujours peur de faire les choses de travers avec ma fille, de ne pas être, d'une certaine manière, à la hauteur. Parfois, lorsque ma femme rentrait à la maison et qu'elle ne la trouvait pas assez rangée (à ses yeux), elle nous grondait tous les deux comme si j'étais le second enfant. Ce que j'avais l'impression d'être au final ! C'est étonnant comment cela a changé après la séparation. Je vis avec Lina, lorsqu'elle est là, comme je le sens. Je décide de ce que nous mangeons et à quelle heure, comment nous passons notre temps, etc. C'est tellement détendu ! Jamais auparavant je n'avais été aussi proche de ma fille. »*

Ce n'est qu'après la séparation que Frank a pu échapper à son rôle de « fils » pour devenir un homme adulte – et un père.

JE SUIS AUTONOME

Surtout pour les personnes dont l'aspiration à l'autonomie n'a pas été suffisamment encouragée dans l'enfance, la tentation de demeurer dans une relation symbiotique dans leur vie d'adulte peut être grande. Ils ont le schéma intérieur suivant : « J'ai toujours besoin de quelqu'un qui s'occupe de moi », et ils perpétuent ainsi ce qu'ils ont toujours connu. Pour ne pas se confronter à leurs peurs profondes et à leurs doutes de soi, ils préfèrent accepter la dépendance et la non-autonomie dans des domaines importants de leur vie. Dans la génération 1975 et plus (en Allemagne de

En acquérant de nouvelles capacités, on vainc ses peurs. Beaucoup de célibataires racontent qu'ils osent à présent faire des choses qu'ils n'auraient jamais entreprises auparavant ; des activités tout à fait banales comme aller seul au cinéma ou au théâtre lorsqu'ils en ont envie. Ou alors ils voyagent seuls dans de lointains pays, prennent des cours de danse exotique, vendent leur voiture et invitent enfin leurs voisins à manger. La vie de célibataire peut être un véritable catalyseur pour le développement de sa personnalité. Tu conquiers de nouveaux espaces dans lesquels tu ne t'aventurais pas avant. Et tu fais de nouvelles expériences, des rencontres inspirantes, et tu te découvres d'une nouvelle manière. Quelle merveilleuse façon de devenir adulte !

l'Est), il existe encore de nombreux couples où l'homme n'a jamais préparé un repas et où la femme n'a jamais gagné un kopeck. Ils sont complètement dépendants l'un de l'autre tout au long de leur existence. Est-ce vraiment judicieux ? N'est-ce pas un élément de la vie d'adulte que de savoir gagner son pain et d'être capable de le beurrer ? Que vit une personne qui n'a jamais expérimenté une existence indépendante ?

De nos jours, de moins en moins de gens souhaitent un partenaire dépendant. Les prétentions ont changé. Les hommes ne consentent plus à être les seuls « pourvoyeurs » et à ne pas voir grandir leurs enfants à force de travailler ; ils veulent une partenaire contribuant au revenu du ménage.

Et les femmes ne désirent plus être coincées derrière les fourneaux mais aspirent à partager les responsabilités du quotidien avec leur partenaire pour passer le reste du temps, par exemple, à explorer l'espace, à effectuer des transplantations du cœur ou à gouverner le pays comme chancelière. Une vie équilibrée et variée demande une augmentation des compétences, ce qui arrive à certaines femmes ou hommes seulement lorsqu'ils se retrouvent pour la première fois sans partenaire, lorsqu'ils vont à « l'école des célibataires ».

VOILÀ CE QUE TU SAIS FAIRE !

Quelles sont les choses ou aptitudes enrichissantes que tu as apprises uniquement après ta séparation ?

Quelles peurs as-tu ainsi vaincues ?

Que n'oses-tu pas faire, mais que tu aimerais bien essayer ?

ES-TU BELLE/BEAU ?

Beaucoup de célibataires souffrent de ne pas correspondre à l'image idéale que l'autre sexe semble rechercher. Ils entament des régimes pénibles en se sentant malgré tout imparfaits, se forcent à aller à la salle de sport sans y prendre plaisir. Cela arrive lorsqu'on pense devoir se développer par rapport aux désirs ou aux besoins des autres. Mais personne ne t'oblige à le faire ! Et ça ne sert à rien ! La caissière rondouillarde du supermarché a un copain alors que la dentiste très mince n'en a pas. D'un point de vue statistique, il n'y a aucune corrélation entre l'attractivité d'une personne et le fait qu'elle soit en couple ! Au contraire, de nouvelles études affirment quant aux femmes même une corrélation négative : plus une femme célibataire est belle, intelligente et couronnée de succès, moins elle a de chances de rencontrer un partenaire – car apparemment les hommes ne désirent pas une femme à laquelle ils se sentent inférieurs.
En toute sincérité, j'ai des doutes également sur cette hypothèse.

La réalité est simplement que le fait d'être grand ou petit, jeune ou vieux, riche ou pauvre n'a aucune espèce d'incidence. Voilà la raison pour laquelle la question « **Pourquoi** quelqu'un est célibataire et un autre, non ? » a à peu près autant de sens que de se demander **pourquoi** ma voisine s'est pris ce matin une avalanche de neige depuis son toit sur la tête mais pas moi. Nous ne savons pas **pourquoi** !

« C'EST COMME ÇA ! »

Le Gestalt-thérapeute danois Bent Falk pense que nous demandons « pourquoi » lorsque nous ne voulons pas accepter une réalité simple. C'est pour cela que les ados répondent à ces « pourquoi » énervants des adultes laconiquement par : « **C'est comme ça !** »
Résumons : tu es célibataire non pas parce que tu es plus laid, bête, ennuyeux, vieux, pauvre, petit, faible, névrosé, gros ou que tu as moins de

talent en musique que quelqu'un qui est en couple. Et tu n'es pas dans l'obligation de t'améliorer pour avoir plus de « succès ».

Ne change pas pour l'apparence !

Sois exactement la personne que toi-même tu apprécies. Ni plus, ni moins.

Et voici un sujet vraiment passionnant : es-tu une personne que tu apprécies ?

EST-CE QUE TU T'AIMES BIEN ?

Cette question mérite un peu de réflexion. Au lieu de courir derrière les autres dans l'espoir d'obtenir leur reconnaissance, nous pouvons nous demander sérieusement si NOUS sommes en mesure de nous apprécier nous-mêmes de tout cœur.
Le résultat peut être étonnant ! Jeudi matin, tu jettes un coup d'œil dans le miroir et tu penses avec dédain : « Mon Dieu, qu'est-ce que j'ai vieilli ! » Ensuite, tu vas à ton cours de danse et lorsque – bien épuisée et défoulée – tu te regardes dans la glace le soir, tu te dis : « Ah, quelle femme sportive et attirante ! »

Hein !? Serais-tu devenue une autre en l'espace de quelques heures ? Oui et non. Ton corps n'a pas changé, mais la manière dont tu le perçois. Quand on se sent bien dans sa peau, on se voit littéralement d'un bon œil. Et ça fait des vagues : celui qui se considère avec bienveillance fera pareil à l'égard des autres, qui le sentiront et le refléteront à leur tour.

Tout ce que tu peux faire pour te sentir bien avec toi-même est probablement la bonne voie.

Pour cela, il est essentiel de pratiquer la bienveillance envers ses défauts et ses limites. Dans ta chambre à coucher, c'est le bazar, tu n'as toujours pas compris le formulaire de déclaration des impôts n° 2044 et tu as oublié l'anniversaire d'oncle Éric ? Pas grave, tu y travailles !
Tes cheveux ont besoin d'une coupe, ton pull préféré est troué au coude, ton rouge à lèvres est vide ? Ça va aller !
Un peu de sérénité et d'amour-propre rendent le célibat plus facile. Et si la prochaine fois quelqu'un te demande POURQUOI tu es célibataire, tu réponds tranquillement : *« C'est comme ça ! »*

Ce qui est DEVANT NOUS et
ce qui est DERRIÈRE NOUS
est insignifiant comparé
à ce qu'il y a
à L'INTÉRIEUR DE NOUS.
Ralph Waldo Emerson

DES CHÂTEAUX DE LUXE ET DES COLOCATIONS

Le roi de Prusse Frédéric le Grand était un adepte de la vie en solo – et il n'a pas dérogé à ce choix de vie, même dans le cadre de son mariage conclu par nécessité politique. Sa femme, Élisabeth-Christine, prit ses quartiers dans le château à Berlin, pendant que Frédéric résida avec ses chiens dans celui de Sanssouci, à Potsdam, où il passa ses soirées à philosopher et à faire de la musique avec ses amis. On ne peut donc pas affirmer qu'habiter seul est un phénomène datant exclusivement du postmodernisme.

TOUT CE QUI PLAÎT EST AUTORISÉ

La nouveauté est que, de nos jours, pratiquement la moitié des ménages est composée de personnes habitant seules – avec ou sans enfant. Je n'ai moi-même pas encore habité un château royal, mais j'ai expérimenté plusieurs formes d'habitations au cours de ma vie : seule, en colocation, en communauté, en couple, en famille et en mère célibataire avec enfant. Je me suis sentie bien dans chacune de ces configurations. J'y étais majoritairement heureuse et parfois malheureuse ; il y a eu des moments merveilleux et des temps difficiles. Chaque forme d'habitation a ses propres avantages et inconvénients, et chacune est plus ou moins bien adaptée et agréable selon les différentes phases de la vie.
Au bout du compte, le bon dosage entre vie sociale et isolement est toujours aussi une question de personnalité.

Clarisse, 37 ans, raconte : « *Je suis une personne hypersensible et donc très affectée par le bruit. Après avoir passé une journée entourée de monde, un appartement calme est le paradis pour moi. Comme j'ai plus de mal que d'autres à faire abstraction des bruits de fond, j'ai un besoin vital de moments de silence. Si je suis en permanence confrontée à la présence d'autres gens dans un même espace, je suis à un tel point surstimulée qu'une immense fatigue me submerge. Dans ce sens, pour moi, le fait de vivre seule est souvent un bienfait – et très rarement ennuyeux !* »

Ma collègue Jeanne, 49 ans, en revanche, est très sociable et s'entoure volontiers de gens. Étudiante, elle a

Home, Sweet Home

habité en coloc avec cinq autres personnes, et aujourd'hui elle vit à six dans une famille recomposée. Vivre seule serait un cauchemar pour elle : elle sait pertinemment que si elle se retrouvait célibataire, elle finirait par se mettre en colocation.

Aujourd'hui, de plus en plus de femmes et d'hommes au-dessus de la soixantaine vivent en communauté. Les colocations entre seniors sont en plein boom, parce que beaucoup de gens n'ont pas envie d'être seuls à ce moment de leur vie, uniquement en raison d'un divorce ou du décès de leur partenaire. Pour la génération d'avant, une cohabitation entre seniors était impensable, l'idée de « communauté » avait une réputation négative, c'était un truc pour les « marginaux » et les dingues. De nos jours, par contre, des communautés de personnes âgées achètent ensemble des grands lofts urbains et les transforment en grands appartements partagés, aménagés avec goût. L'acceptation sociale grandissante de cette vie en collectivité entre célibataires est certainement aussi liée au fait que les seniors d'aujourd'hui ont déjà vécu en colocation dans leur jeunesse et qu'ils en ont gardé un bon souvenir.

Une chose est certaine : tu peux trouver une forme d'habitation dans laquelle tu te sens bien et qui te correspond, même dans une phase de vie sans partenaire.

Lorsque j'étais étudiante, j'ai vécu pendant deux ans à côté de ma meilleure amie, Clara. Nous avions certes des appartements séparés dans lesquels nous pouvions nous retirer, mais nous passions beaucoup de temps ensemble à faire la cuisine, manger, étudier pour la fac ou à traîner sur son canapé en buvant du vin rouge. On retrouve également ce mélange de vie en communauté/seul dans certains projets immobiliers actuels, où les habitants peuvent bénéficier de leur propre espace en même temps que de parties communes.

EN TRANSIT OU RÉELLEMENT CHEZ TOI ?

Lorsque j'arrive dans un appartement de célibataire, je sais tout de suite si son occupant aime son chez-soi ou s'il le considère comme une solution transitoire jusqu'au prochain (re)mariage. Auquel cas son logement dégage à peu près le confort d'une gare de transit. On peut certes y demeurer, mais pas plus longtemps que nécessaire !
Particulièrement, les hommes célibataires attachent étonnamment peu d'importance à leur installation. On dirait qu'ils considèrent le fait de vivre seul comme une punition, alors qu'en fin de compte ils se punissent eux-mêmes en négligeant leur chez-soi et leur bien-être à la maison. Lorsqu'un jour je suis arrivée dans l'appartement (extrêmement spartiate) d'un père fraîchement célibataire et que je lui ai demandé, interloquée, où il faisait dormir ses enfants quand il les recevait, il a désigné son (grand) lit en expliquant que lui-même dormait alors sur le (petit) canapé. J'ai trouvé cela très triste. Comment lui et ses enfants pouvaient-ils se sentir **chez eux** dans cette installation si provisoire ?

Ce n'est pas une fatalité ! On peut créer un chez-soi agréable même avec peu de moyens – c'est une question d'attitude intérieure.

Nos intérieurs reflètent l'amour que nous portons à nous-mêmes et à tous ceux qui y vivent (temporairement).

L'APPARTEMENT CORRESPOND-T-IL À SON OCCUPANT ?

Christian, 29 ans, étudiant et père en garde alternée, ne dispose que d'une chambre dans une colocation. Il y a installé un matelas énorme à même le sol et pléthore de coussins et de couvertures colorés. À côté du lit, on trouve des piles de livres pour enfants et, sur le mur, il a accroché sa guitare et sa basse. Lorsque Christian reçoit son fils, les deux s'installent dans le lit, se font des câlins, lisent et se sentent bien ; quand il est seul, il joue de la musique, ou il travaille derrière son bureau. Son environnement correspond à ses besoins.

Les appartements de célibataires les plus tristes que j'ai visités étaient des musées. Dans la cuisine d'une amie était accroché un calendrier périmé depuis huit ans, datant de l'année où elle avait connu son ex-partenaire. Des photos de leurs voyages en commun décoraient les murs du salon, et dans la chambre à coucher on pouvait voir un bouquet d'anniversaire de roses desséchées – un cadeau de lui. Tout était figé dans le temps comme s'il était encore là : un appartement de couple semi-orphelin. Pour des veuves/veufs, le danger de vivre ainsi dans un musée de souvenirs est particulièrement élevé.

Isabelle, 54 ans, raconte : « *Un jour, je suis tombée amoureuse d'un très jeune veuf. Lorsque j'ai dormi chez lui pour la troisième fois, mon regard est tombé sur la photo de sa femme décédée dans un accident. J'ai pris mon courage à deux mains et je lui ai demandé si un jour il exposerait une photo de moi à côté. Il ne l'a absolument pas pris mal. Pendant quelques mois, la chambre à coucher est restée sans photo, et un jour il y avait la mienne.* »

La vie continue – accepte-le. Cela te fait du bien et n'entache aucunement la mémoire des personnes aimées que tu as perdues. Donne-leur une place – mais pas toute celle dont tu disposes.

Le plus accueillant et chaleureux est un logement où s'exprime l'estime des habitant(e)s pour leurs propres talents, goûts, préférences et leurs besoins.

Laura, 27 ans, étudiante en pédagogie, est une bricoleuse passionnée. Elle sait feutrer, coudre, fabriquer du papier, tricoter, faire du crochet et plein d'autres choses encore. Elle adore les couleurs chatoyantes, et son minuscule appartement est un feu d'artifice de créativité. Il y a de joyeuses petites œuvres d'art partout ; on peut les prendre dans les mains, les contempler et les toucher.

Antoine, 44 ans, enseignant, est bouddhiste et un grand fan du Japon. Son chez-soi est simple et épuré, sans bibelot et même sans rideaux. Au lieu de chaises, on s'assoit sur des coussins de méditation devant une table basse.

Dans ces appartements, aussi différents soient-ils, on sent bien que :

ici vit une personne bienveillante envers elle-même.

Et toi ? Comment aménages-tu tes quatre murs ?

LES BESOINS D'UN APPARTEMENT DE CÉLIBATAIRE

Trucs et astuces

Au début, tu agis sur l'aménagement de ton appartement, ensuite, c'est l'inverse qui se produit, il agit sur toi – tout le temps –, que tu t'en rendes compte ou pas. Un adage indien nous apprend : « Tu deviens ce que tu contemples tous les jours. » Quels sont les objets qui t'entourent ? Expriment-ils ta personnalité et tes besoins ? Est-ce un environnement où tu peux te ressourcer ? Un appartement de célibataire (avec ou sans enfant) offre une quantité de possibilités d'aménagement.

« Ma maison est mon château. »

Ton lit

★ Dors-tu dans un lit double où l'autre moitié est orpheline qui, toutes les nuits, te rappelle ta solitude ? Ou sur un lit de camp étroit impossible à partager, même si tu en ressentais l'envie ? Aucune de ces solutions ne te fera du bien. Procure-toi un lit (ou un canapé-lit, un futon, un matelas) que tu peux aussi bien occuper entièrement seul qu'avec un potentiel partenaire sexuel. Ton lit reste le symbole de ton rapport à la sensualité et à la sexualité. À quel point celles-ci sont-elles importantes pour toi ? Ton lit te semble-t-il accueillant ?

Ta table à manger

★ Dans ta cuisine, y a-t-il une minuscule table pliante avec à peine la place pour une deuxième chaise ? Ou as-tu installé une grande planche en bois qui te sert autant de bureau que de table à manger entre amis ? Tu es probablement mieux loti avec la seconde variante. Tu réaliseras toi-même à quel point tu préféreras recevoir tes voisins ou copains à une belle et large table. Cela traduit une certaine « culture de l'accueil », mais pour toi, c'est également un formidable luxe que de pouvoir t'étaler sur une grande table.

Ton congélateur

★ La plupart des célibataires ont du mal à préparer quotidiennement des plats sains pour eux tout seuls. Soit parce qu'ils sont très pris par leur travail, soit ça les déprime tout simplement de se faire à manger en solo. Pour ne pas vivre de fast-food et de sandwiches au fromage, une astuce a fait ses preuves chez les étudiants aussi bien que chez les retraités : tu prépares une ou deux fois par semaine une bonne potée, une soupe, un curry aux légumes indien, ou autres, et tu congèles le plat en petites portions. Tu peux ainsi réchauffer au besoin de délicieux dîners faits maison – sans beaucoup de travail. (À recommander également pour les célibataires avec enfant !)

Ta chambre – la non-chambre d'enfant !

★ Beaucoup de célibataires avec enfant vivent dans des deux-pièces par manque de moyens pour une troisième chambre. Ça ne veut pas dire que tu ne peux pas réserver un espace pour toi, mais simplement qu'il faut utiliser la place disponible avec respect et de manière réfléchie. Tant que ton enfant est petit, la configuration chambre à coucher/salon peut s'avérer agréable, mais plus tard, il est préférable de lui aménager sa chambre et de consacrer un espace pour TOI. Et dans son coin, on peut faire ce qu'on veut. Les jouets migrent chez lui le soir, ils n'ont pas leur place dans ton espace ! De la même manière, la nuit, ton lit (même si c'est un canapé-lit) t'appartient et doit être occupé en tant que « visiteur », non pas systématiquement.

Le coin causette

★ Dans ton appartement, à quel endroit peut-on se détendre et papoter avec des amis, éventuellement au téléphone ? Je connais des logements de célibataires équipés uniquement d'un pauvre sofa avec vue sur un écran plat géant. Et voilà. Bon, c'est une façon comme une autre de passer son temps libre, mais, en toute honnêteté, est-ce ton rêve ? Non ? Alors fais de la place pour les bonnes conversations ! Quand on papote, il vaut mieux être bien installé, plutôt assis, appuyer son dos et pouvoir regarder l'autre en face. C'est parfait dans un coin ou en face de l'autre ; si on est placé côte à côte, on se tord le cou. Des chaises avec des coussins autour de la table de cuisine sont parfois une meilleure solution qu'un canapé trop profond. Ça vaut le coup d'essayer !

L'ENVIE CHARNELLE : PROFITER DE LA PROXIMITÉ PHYSIQUE

Lorsqu'on demande aux célibataires ce qui leur manque le plus, ce n'est souvent pas vraiment le sexe, mais la proximité physique, les câlins, le fait d'être enlacé, tenu, caressé. Certains ont les larmes aux yeux à l'évocation de ce manque.

Et, en effet, la proximité physique est un besoin fondamental. Les bébés, lorsqu'ils sont privés de toute forme de contact, peuvent même en mourir. Ce n'est pas notre cas en tant qu'adultes, tout au moins pas extérieurement, mais nous en dépérissons intérieurement.

VIVE LE TOUCHER !

Beaucoup de personnes sont dans le déni de ce besoin (pourtant si fondamental) et préfèrent le refouler, même si ça les fait souffrir. D'autres l'interprètent comme une envie de faire l'amour et imaginent qu'il leur faut un partenaire sexuel pour le combler. Heureusement, ce n'est pas vrai, nous n'avons pas besoin d'être en couple pour satisfaire notre envie de proximité physique. Il y a plein d'autres moyens.

Les massages

★ Une très bonne façon de satisfaire son besoin d'être touché et de se procurer un contact corporel est de se faire masser de temps en temps. De nombreux thermes, saunas et spas disposent d'un personnel professionnel expert en massages de bien-être. Et l'offre de soins relaxants sérieux, pratiqués par des naturopathes, s'est considérablement améliorée au cours des dernières années, tout comme les cabinets privés de physiothérapeutes locaux. Si cela est trop onéreux pour toi, tu peux demander à tes amis si quelqu'un est intéressé par un échange de massages. Dans ce cas, c'est peut-être une bonne idée de suivre d'abord un cours de massage de dos, proposé par certaines écoles ou par des instituts de bien-être.

Se prendre dans les bras

★ Nous vivons dans une culture où les gens se touchent extrêmement peu, et ce n'est pas très bon pour nous.

Commence doucement et précautionneusement à y remédier : enlace tes chéri(e)s, tes enfants, parents ou ami(e)s sans être trop insistant et sans forcer ; tu sentiras que ça te fait du bien, ainsi qu'à ton entourage. Cela renforce les liens et ouvre les cœurs.

Les sports de combat

★ Cela peut paraître surprenant, mais même pendant un combat le contact physique est intense ; il produit un effet énergisant et tonifiant. Ce n'est pas du hasard si les adolescents choisissent souvent cette forme de proximité corporelle : ils se bagarrent, combattent, testent leur force. Cela fait le même effet aux adultes !

La danse

★ Les danses pratiquées en corps à corps très proche sont particulièrement propices pour répondre au besoin de proximité ! La danse contact improvisation, le tango tout comme d'autres danses à deux sont très adaptés. Les cours de biodanza par exemple offrent une expérience corporelle intense. Avant de participer à une contact improvisation ou à un cours de tango milonga, je te conseille de te faire un peu la main dans la discipline choisie, en prenant éventuellement une leçon ou en participant à un atelier. Tu te sentiras plus confiant(e) pour profiter pleinement de la danse.

Les câlins, le sexe, l'intimité

★ Plus d'informations à ce sujet dans le chapitre des « aires de jeux alternatives » (page 78).

L'important est que TU prennes la responsabilité pour ton « envie de peau » – peu importe de quelle manière. Il existe certainement d'autres solutions créatives que je n'ai pas évoquées ici !

> *Tu te mets dans une situation compliquée en te convainquant que seulement le ou la « bonne personne » pourra te délivrer de ton envie de contact physique et qu'en attendant tu es condamné(e) à souffrir en silence. Cette souffrance n'est pas nécessaire !*
> *Découvre toi-même activement ce que tu peux faire pour toi, au lieu d'espérer que le destin le fasse à ta place et qu'un jour le problème se résoudra par l'apparition du prince/de la princesse charmant(e) !*

BIEN RÉPONDU !

Exercice

Parmi les aspects pénibles de la vie de célibataire, il y a les remarques répétées, plus ou moins bienveillantes, de ton entourage au sujet de ton statut. Voici quelques idées pour décontracter les rapports.

Tu l'as certainement déjà vécu… En pleine réunion familiale, ta tante Anne t'a encore demandé ce qui n'allait pas dans ta quête infructueuse de mari, et elle a ajouté d'un air suffisant que tu devais probablement être trop « occupée ».
Et maintenant, ton petit diablotin de colère intérieure se gonfle et a envie de rétorquer.
Diablotin : « Vas-y ! Dis à cette langue de vipère que tu préférerais être condamnée à perpétuité dans une cellule en isolement plutôt que de partager ton canapé *ad vitam aeternam* avec oncle Éric ! »
Attention ! Respire un bon coup ! Même si le diablotin semble avoir raison sur le fond, tu te compliques la vie en te laissant emporter par une colère terrible. Les célibataires aguerris conseillent le dialogue intérieur suivant :
Toi : « Oh, cher diablotin, n'est-elle pas déjà assez punie avec ce mari ? Devrais-je encore l'offenser par-dessus le marché ? »
Diablotin : « Pff ! Elle ne fait pas non plus attention à toi ! Elle t'humilie dès qu'elle peut ! Rends-lui la monnaie de sa pièce ! Tu peux le faire ! »
Toi : « Oui, je pourrais le faire. Mais ça m'apporterait quoi ? »
Diablotin : « Que tu lui dises ses quatre vérités à cette peau de vache ! La vengeance, ça fait du bien ! »
Toi : « Non, ça fait du mal. Si tante Anne était vraiment heureuse dans son mariage et dans sa vie, elle n'aurait pas besoin de taper sur moi. Elle est probablement hyperjalouse de mon métier passionnant. »
Diablotin : « Oui, oui, bien sûr. Et alors, pourquoi ce n'est pas ce qu'elle te dit à la place de toutes ces saloperies ? »
Toi : « Parce qu'elle ne peut pas. Dans ce cas, elle devrait s'avouer que tout ne va pas si bien pour elle, et ça, elle ne l'ose pas. »
Diablotin : « Exactement ! Parce qu'en plus elle est lâche, la vieille peau. Une menteuse hypocrite et malhonnête ! »

Toi : « Hum. Oui, et moi je n'ai pas envie de faire pareil, tu comprends ? »
Diablotin (*Il croise les bras et te regarde d'un œil critique.*)
Toi à tante Anne : « Oui, en effet, je travaille beaucoup et ça me fait plaisir. Et parfois ça me manque de ne pas avoir de partenaire. Je pense que ça arrivera quand ça doit arriver. » Tu poses une main apaisante sur son bras. « Nous vivons tous notre vie au mieux, n'est-ce pas ? »
Tante Anne baisse la fourchette et te regarde d'un air étonné. Le diablotin expire bruyamment, et tu sais que cette fois-ci tu as gagné !

CONTRER LES PHRASES CLICHÉES SUR LES CÉLIBATAIRES

« Quand est-ce que tu vas trouver la bonne personne ? »	*« Pourquoi ? Cette personne te manque dans ta vie ? »*
« Tu dois d'abord surmonter ton passé. »	*« C'est déjà fait ! Maintenant, je préfère m'occuper de profiter du présent. »*
« Édouard et moi, nous ne nous quitterons jamais. »	*« Oui, ce serait certainement très difficile pour vous deux de rester seuls. »*
« C'est quand même tragique quand on pense au nombre de gens qui sont seuls aujourd'hui. »	*« Ah, tu trouves ? Moi, j'ai souvent l'impression que les célibataires sont plus drôles que les gens mariés ! »*
« Depuis que je suis avec André, je n'ai heureusement plus ce genre de problèmes. »	*« Oui, ça, je veux bien te croire ! Dans une relation, on a bien d'autres genres de problèmes ! »*
« Sans ma meilleure moitié, je serais totalement paumé(e) ! »	*« C'est vrai, ça doit être très dur de se sentir comme la moitié d'une personne. »*

LE PARTENAIRE COMME SAUVEUR ?

Lorsqu'on demande aux gens de notre génération en quoi ils croient, beaucoup répondent : à l'amour. Et ils ne pensent nullement à l'amour universel du prochain dans un sens spirituel, mais à l'amour romantique dans la relation exclusive de couple. L'amour comme substitut de religion.

DES ATTENTES TROP ÉLEVÉES

Après que Jésus a perdu son statut de Sauveur chez différentes couches de la population, ce rôle devrait revenir maintenant au partenaire existant ou futur, lequel est censé nous délivrer de tous les maux. Il doit redonner un sens à notre vie, « habiter dans notre cœur » et remplir ainsi notre vide intérieur, faire ressortir le meilleur de nous-mêmes, nous accompagner dans nos souffrances, être toujours disponible et faire preuve d'une compassion sans limites. L'attente de guérison est pratiquement illimitée.
Il est évident qu'ainsi nous en demandons trop à nous-mêmes et à notre partenaire amoureux. Nombre d'entre nous sont en permanence insatisfaits de leurs relations et tentent désespérément de s'adapter, ou d'adapter l'autre, à leurs attentes grandioses, jusqu'à jeter l'éponge par fatigue. Ce n'est pas pour autant que nous en tirons la conclusion que cette attente de guérison est absurde, mais nous pensons que l'autre n'était tout compte fait pas « la bonne personne ». Ou alors, nous nous imaginons souffrir d'une défaillance psychologique, d'une incapacité à vivre en couple, et d'être de fait exclus du processus de guérison. Ces doutes de soi peuvent contenir un aspect très existentiel : comme au Moyen Âge, nous sommes taraudés jusqu'à l'épuisement par la question portant sur la force de notre « croyance ».

Voici le danger avec l'amour comme substitut de religion : que se passe-t-il lorsque le partenaire divinisé, la relation de guérison, vient à disparaître ? Sommes-nous alors des âmes perdues ? Qui viendra nous sauver maintenant ?

Si tu es actuellement célibataire, c'est peut-être le bon moment pour examiner de très près tes valeurs et tes dogmes intérieurs.

»—→ Qu'est-ce qui est important pour toi dans la vie ? La créativité, l'engagement social, la pratique spirituelle, le contact avec les enfants, l'évolution personnelle, le sexe, le succès professionnel… Peu importe.

»—→ Comment peux-TU faire en sorte de développer et d'approfondir de manière autonome ces choses, sans attendre l'aide d'un(e) partenaire « sauveur/salvatrice » ?

LA CERISE SUR TON GÂTEAU

Une relation de couple harmonieuse peut être considérée comme la petite cerise sur le gâteau d'une vie en passe d'être réussie. Mais le gâteau, tu dois le faire toi-même.

Et c'est exactement ce que tu peux entreprendre maintenant en tant que célibataire ; tu peux façonner ton merveilleux gâteau de vie. Trouve la meilleure farine, les plus belles cerises, le temps de cuisson optimal. Partage ton gâteau avec les autres et goûte aux leurs – tu en apprendras davantage sur la cuisine.

Et puis il y a ces moments où le gâteau de notre vie ne veut pas réussir, où tout semble aller de travers et où nous nous sentons seuls et dépassés. Dans ce cas, il est merveilleux de pouvoir croire en une force supérieure, de demander ou prier un guide intérieur, d'avoir confiance en quelque chose de positif comme Dieu, ou peu importe le nom que nous lui donnons. De nombreux chemins dans la pratique spirituelle ou dans le questionnement sur le sens de la vie mènent à ça, mais c'est à nous de les suivre.

De fait, s'essayer de manière joyeuse et responsable à l'élaboration de son propre « gâteau de vie » est finalement aussi la bonne recette pour réussir sa vie de couple. N'attendons pas de l'autre le salut ou la guérison de notre vide intérieur, c'est l'unique condition pour pouvoir instaurer un intérêt et un respect mutuels. Là où deux individus indépendants se rencontrent, il est possible de cré er un espace de résonance pour une affection et un amour sans contraintes.

PREMIERS SECOURS POUR « LE BLUES DU CÉLIBATAIRE »

Même en organisant ta vie de célibataire, en prenant soin de toi et en anticipant, tu ne pourras guère éviter les jours de blues. Ces journées où tu te sens comme un vieil encombrant cassé. Tu te réveilles avec l'énergie d'un vieux morceau de pain mouillé et tu te dis que tu ne vaux pas un clou, que tu ne sers à rien dans ce monde, et que plus jamais personne ne t'aimera. Mais attention, avant de nouer la corde pour de vrai, prends plutôt une profonde respiration et dis-toi :

C'est un cas banal
de blues du célibataire.
Il passera à coup sûr.

Et en attendant, tu peux par exemple faire ceci :

En route pour la baignoire

★ Fais-toi couler un bon bain aromatisé. Reste dans l'eau jusqu'à ce que tu te sentes bien réchauffé(e) et nettoyé(e). Une bonne douche fait également l'affaire. Ensuite, enduis ton corps d'une lotion ou d'une huile riche et délicieusement parfumée, cela active ton métabolisme et tu te sens tout de suite un peu mieux dans ta peau.

L'anesthésie hollywoodienne

★ Installe-toi confortablement devant ta télé et regarde une de tes comédies romantiques préférées (*Nuits blanches à Seattle, Quatre mariages et un enterrement, Le Journal de Bridget Jones*). Un verre de vin ou une bière en accompagnement est tout à fait autorisé[1]. Et n'hésite pas à faire couler les larmes d'émotion : ça aide toujours !

Comme chez maman

★ Prépare-toi un « plat d'enfant ». Quelque chose que tu as aimé lorsque tu étais petit(e) : saucisse purée ou une bouillie aux cerises, peu importe. Cela calme ton intestin, tout comme tes émotions en pagaille. Ça ne doit pas forcément être sain, l'essentiel, c'est que ça te fasse du bien sur le moment !

1. Note de l'éditeur : L'abus d'alcool est dangereux pour la santé, consommez avec modération.

Flash-back

★ Va t'acheter quelques petits trucs que tu as aimés lors de ton adolescence : un paquet de biscuits au chocolat, un magazine d'ados (bourré de bons conseils contre les chagrins d'amour) ou des chips et une revue de foot. Quelque chose que tu appréciais dans le passé et que tu as toujours considérée comme un luxe. Ça fera du bien à ton âme aujourd'hui encore !

Le ménage

★ Le fait de nettoyer son environnement extérieur s'accompagne toujours d'un soulagement intérieur et d'un sentiment de purification. Au lieu de ruminer, attrape l'aspirateur et la serpillière et transforme ton appartement en un endroit confortable et rassurant. Tu respireras tout de suite mieux et, dans ton espace intérieur plus aéré, tu retrouveras une nouvelle dynamique.

Écrire des lettres

★ Assieds-toi et écris une longue lettre à quelqu'un que tu aimes et à qui tu peux te confier à travers un échange épistolaire. Cette personne n'a peut-être pas la possibilité d'être physiquement là en ce moment, mais malgré cela, tu peux lui dire tout ce qui rend ta vie actuellement si difficile. Peine partagée diminue de moitié !

Une saine prise en charge de soi

Attention ! Si tout ça ne t'aide pas, que tu accumules les jours où tu penses que personne ne t'aime et que tu n'es plus capable de faire quoi que ce soit, il y a un problème. Et si cet état-là demeure pendant plus de deux semaines, ne reste en aucun cas dans ta solitude, mais prends-toi en main et organise un soutien. Lance à temps des appels au secours à plusieurs bons ou bonnes ami(e)s et demande qu'on te rappelle. Sois assez honnête avec au moins une personne pour avouer franchement que tu ne tiens pas le coup tout seul en ce moment. Envisage la possibilité d'une éventuelle dépression qu'il faut prendre au sérieux, et recours à un professionnel. Une psychothérapie ou un autre accompagnement peuvent t'aider à aller mieux ; cela ne sert à rien de vouloir résoudre les choses tout(e) seul(e) par honte ou orgueil. Fais-toi aider !

LES VRAIS BESOINS DES CÉLIBATAIRES

1

Des conversations intimes

Nous avons tous besoin d'échanger, de prendre des conseils et de pleurer dans les bras de quelqu'un. Pour ça, il n'est pas forcément nécessaire d'être en couple, nous pouvons trouver ce réconfort également auprès d'ami(e)s proches, de colocataires, de sœurs ou frères ou d'autres personnes de confiance.

2

Une proximité physique

Récemment, de nombreuses recherches en neurologie affirment que l'être humain a un besoin profond de proximité physique, et pas nécessairement de nature sexuelle. Tu peux satisfaire ton « besoin charnel » même sans être en couple en étreignant tes ami(e)s ou les membres de ta famille, en te faisant masser régulièrement ou en assistant à des cours de danse.

3

Prendre soin des autres

Les célibataires sans enfant en particulier risquent de se sentir de plus en plus « inutiles » dans ce monde, car personne n'a besoin d'eux. Tu peux lutter contre ce sentiment ! Regarde autour de toi et tu réaliseras que plein de gens dans ton entourage sont en demande d'aide et d'attention. Engage-toi pour les réfugiés, rends visite à des personnes âgées, aide ta jeune voisine en gardant son enfant ; tu crées ainsi un lien avec le monde et tu y trouves ta place.

4

Faire partie d'une communauté

L'appartenance à un groupe est un besoin humain fondamental. Surtout pour les célibataires, il est important de faire partie d'une communauté ou association, avec laquelle ils entretiennent un lien régulier et stable. Cela peut être une chorale, un cercle littéraire, une association sportive ou un groupe d'études… L'essentiel est que les rendez-vous soient réguliers et que la compagnie des autres soit vraiment appréciée.

5

Une proximité physique

Profite de ton indépendance ! C'est génial de pouvoir avancer les yeux grands ouverts sur le monde, à l'affût de nouvelles personnes merveilleuses et excitantes avec lesquelles tu voudrais faire un bout de chemin. Reste disponible pour ce genre de rencontres et profite de ce privilège – les personnes engagées dans une relation ne peuvent pas se permettre une telle ouverture !

6

Un chez-soi stable

Tout le monde a besoin d'un endroit protégé où se retirer. Ce n'est pas forcément le « cocon du mariage ». Ta chère maison de célibataire peut très bien devenir ton havre de paix, où tu peux te reposer, te déconnecter et te ressourcer. Aménage-le avec amour et attention ; fais-en un espace dans lequel tu aimes retourner et qui correspond à tes propres besoins.

Chapitre 2

Être seul ne veut pas dire être solitaire ! Ton réseau relationnel diversifié

Dans ce chapitre, tu apprendras:

- comment construire un environnement dans lequel tu te sens soutenu(e) et relié(e) au monde ;
- comment voyager en célibataire avec plaisir ;
- comment prendre soin de toi tout en restant souple et ouvert(e) à de nouvelles rencontres.

TES RÉSEAUX DE SOUTIEN

La plupart des célibataires que je connais se débrouillent admirablement bien dans la gestion de leur quotidien. Ils regrettent, certes, leur vie de couple de temps en temps, mais ils sont globalement satisfaits de leur existence. Lorsque j'ai demandé à des personnes ce qui leur manquait le plus dans leur célibat, une étonnante majorité m'a répondu que c'était souvent de l'aide pratique.

Quelqu'un qui puisse déplacer un meuble lourd, réparer rapidement une prise électrique cassée, tenir l'échelle pendant l'accrochage des rideaux, qui saurait comment nettoyer ces stupides taches de sauce soja sur le tapis ou qui s'y connaîtrait avec le formulaire 2044 annexe 1 de la déclaration des impôts : pour les célibataires, il est parfois difficile de faire les choses tout seul, car personne ne maîtrise tout *de facto*. Et personne n'a envie de téléphoner sans cesse à ses parents pour la moindre question (sans compter qu'ils ne sont pas toujours joignables) ou de passer sa vie à « googler » sur des forums de conseils pratiques (avec un résultat souvent douteux).

La seule solution: un bon réseau.

AIDER, PARTAGER, ÉCHANGER, DONNER

Autour de toi, il te faut des personnes auxquelles tu puisses demander de l'aide en cas de besoin et à qui tu puisses rendre service en retour. J'ai un ami, par exemple, dont je relis les rapports scientifiques, et en échange, il m'aide à résoudre des problèmes de bricolage. Parfois, nous faisons cela ensemble : pendant que je corrige son document, il s'affaire derrière moi avec la perceuse et le niveau à bulle. Puis, nous buvons encore un café et nous papotons, tous deux contents et reconnaissants. C'est génial, non ?
Pour que ce genre de communauté d'entraide fonctionne bien, propose le plus souvent possible ton aide aux personnes de ton entourage en choisissant des domaines que tu maîtrises bien et qui te plaisent.

Faire des gâteaux, aider au déménagement ou relire des documents – tu as

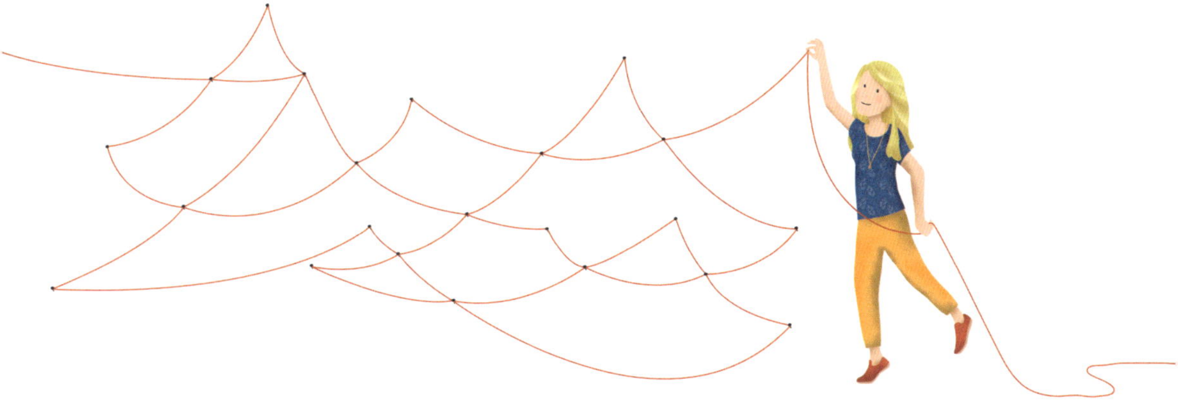

certainement beaucoup de petits ou grands talents utiles aux autres. À titre d'exemple, j'ai rénové au fil des années avec un ami au moins six appartements (les siens et les miens). Nous sommes une équipe imbattable !

Tu peux aussi donner des choses au lieu de les vendre, c'est une formidable opportunité. Lorsque mon fils est né, on nous a donné une grande partie des objets nécessaires, et plus tard j'ai moi-même offert ces affaires à des amis ou voisins qui venaient d'avoir leur premier enfant.

Pour les échanges pratiques, il existe aujourd'hui des réseaux de partage organisés, comme le *car sharing*. Plutôt que chacun encombre la ville avec une voiture supplémentaire, il l'emprunte en cas de besoin sans se charger des réparations, des pneus d'hiver, de l'assurance, du contrôle technique, etc. C'est très pratique !

Certaines personnes aiment tout simplement aider sans rien demander en échange. Dans notre immeuble, un vieux monsieur adorable m'a souvent aidée à réparer mon vélo ; en retour, je lui apporte de temps en temps des biscuits faits maison ou d'autres petits cadeaux. Parfois, je papote un peu avec lui dans la cour, je lui offre en retour du temps et de l'attention, ce n'est pas grand-chose, mais ça nous fait du bien à tous les deux.

Ce cercle de partage ne fonctionne pas toujours selon le principe d'« un rendu pour un donné » ; tu aide s parfois d'autres personnes que celles qui t'ont proposé leurs services. Et néanmoins tu remarqueras : plus tu donnes, plus tu reçois en retour. C'est un principe cosmique : essaie !

TON ENVIRONNEMENT DE PARENT CÉLIBATAIRE

J'ai compris l'importance immense d'un environnement de soutien pour une mère célibataire au moment où je l'ai (temporairement) perdu.

Au début de ma séparation d'avec mon ex-mari, j'ai continué à vivre avec mon fils dans un quartier où les parents célibataires sont nombreux et où régnait un climat de solidarité et de soutien. Beaucoup de parents étaient en garde alternée, certains avaient des métiers artistiques ou étaient travailleurs indépendants, bref, le fait d'être « différent » était normal. Dans mon immeuble résidaient trois couples sans enfant qui se battaient littéralement pour garder mon enfant le soir. C'était le paradis.

DANS UN AUTRE MONDE

Puis, pour la scolarisation de mon fils, nous avons déménagé dans un quartier plus petit, plus calme et plus vert, et je me suis retrouvée dans un autre monde.

Cet endroit résidentiel cossu était peuplé majoritairement de diplômés de l'enseignement supérieur au style de vie « néoconservateur » : les deux parents ont fait des études ou disposent d'une formation professionnelle qualifiée et se voient comme progressistes. Malgré tout, c'est l'homme qui travaille, et la femme s'occupe des trois à cinq enfants à la maison. Le message que j'ai reçu de tous côtés était : nous nous suffisons à nous-mêmes. Je ne me suis jamais sentie aussi seule, aussi exclue. Aux yeux des parents de la nouvelle école, j'étais une sorte de « cas social » de par mon statut de mère célibataire indépendante. J'étais la seule mère de la classe qui n'avait ni mari, ni maison, ni grande voiture, ni plusieurs enfants – qui sont ici également synonymes de réussite sociale. Lorsque j'ai téléphoné à quelques parents des nouveaux camarades de classe de mon fils pour savoir s'ils ne voulaient pas que nous fassions ensemble le tour du quartier pour fêter Halloween, ils m'ont répondu qu'ils recevaient déjà la visite d'autres *familles*. Le message était clair : nous ne faisions pas partie de leur monde. J'étais désespérée.

TISSE UN RÉSEAU

Si tu te retrouves dans un environnement dans lequel tu disposes de peu de soutien, où tu te sens isolé(e) et étranger(ère) en tant que mère ou père célibataire, il est tout d'abord important que tu le comprennes et que tu te l'avoues. C'est une chose à prendre en considération, et tu devrais aussi sérieusement envisager la possibilité de changer d'endroit, de quartier ou de forme d'habitation. Si tu as de bonnes raisons de choisir de rester, tu dois te mettre **activement** à la recherche d'alliés. Et crois-moi, ça se trouve quasiment partout !

Ainsi, petit à petit, j'ai appris à regarder les choses de plus près, et j'ai découvert qu'il y avait aussi des parents sympathiques qui nous respectaient humainement – moi et mon enfant. Surtout les familles recomposées étaient plus ouvertes, car elles ont elles-mêmes déjà expérimenté une autre forme d'existence, et ne nous considéraient pas comme « anormaux ».

J'ai également appris qu'il y avait en réalité plus de célibataires qu'au premier abord, parce qu'ils se mettaient timidement en retrait pendant les réunions parentales, comme moi au début. Ayant rapidement compris que je nouerais peu de contacts avec les parents, je me suis concentrée sur la quête d'autres célibataires, peu importe qu'ils aient des enfants ou pas. J'ai découvert certaines voisines, célibataires solidaires, à qui je pouvais demander de l'aide en cas de besoin. Et j'ai déniché les endroits de prédilection des singles, comme cette fête dansante organisée une fois par mois. Même les chorales du quartier, les associations religieuses ou politiques et les groupes de discussion étaient largement investis par les célibataires. Après un certain temps, j'ai réussi à tisser un réseau grandissant.

Les célibataires avec enfant ont souvent le sentiment d'être coincés entre deux mondes. Ils n'arrivent ni à partager le style de vie indépendant et souple des célibataires sans enfant, ni à se sentir intégrés dans la vie des familles. Partout, ils sont « différents » et ont l'impression de n'être qu'à moitié chez eux. C'est la raison pour laquelle il peut s'avérer judicieux, en particulier pour les célibataires avec enfant fraîchement séparés, de nouer des contacts avec leurs semblables par des réseaux appropriés.

AVOIR HONTE DE SON CÉLIBAT ? SURTOUT PAS !

Chez de nombreux célibataires, le sentiment de honte est encore profond. Visiblement, les temps où « divorcé » rimait avec « échoué » et « célibataire » avec « excentrique chronique » ne sont pas encore assez loin.

Lorsque j'ai commencé à écrire ce livre, et que je me suis mise à interroger quelques connaissances lointaines, elles ont réagi comme si je leur parlais d'une maladie chronique. Elles étaient visiblement gênées, certaines se sont comportées comme si je les avais publiquement dénoncées. Le parallèle avec les couples du même sexe est évident, de nos jours encore les célibataires se trouvent également souvent stigmatisés comme « anormaux » ou « inférieurs ». Cela m'a fait réfléchir. Nous sommes alors toujours très loin d'une société où chaque forme de vie est considérée comme égale en droits, et en attendant nous devons nous-mêmes rechercher et construire le soutien et l'environnement qui nous fait du bien.

LA PRÉSOMPTION DES COUPLES

Les personnes vivant en couple se permettent souvent une posture de supériorité morale vis-à-vis des célibataires. L'attitude « Si tu fais tout bien comme il faut, tu vivras un jour aussi bien que nous ! » rappelle parfois l'arrogante présomption de parents conservateurs face à leurs enfants. Ça ne leur effleure pas l'esprit que, pour certains célibataires, il n'existe pas pire punition que de se retrouver enfermé à « perpétuité » dans une telle relation figée. Ils considèrent leur forme d'existence – sans aucune remise en question critique – comme une référence absolue.

La difficulté réside dans cet effet miroir qui fait que nous nous jugeons au travers du regard des autres. Lorsque ton entourage te renvoie en permanence l'image de quelqu'un de « différent(e) » de par ton célibat, il devient de plus en plus difficile de t'accepter comme « normal(e) ». Tu te mets à douter de plus en plus de ta manière de vivre et tu te demandes avec un désespoir croissant ce que tu as fait de « travers » et pourquoi tu n'as apparemment pas réussi à devenir comme tous les autres. Et plus cette question te taraude, plus l'insatisfaction quant à ton mode de vie s'installe, et tu finis quasiment par te convaincre de ce que ton entourage te suggère : les célibataires sont des gens malheureux en situation d'échec, et ils sont à plaindre. C'est un terrible cercle vicieux, il n'est pas facile d'en sortir ; d'abord, c'est un tour de force, et puis ça nécessite un peu de patience et de persévérance. Il ne faut pas non plus s'obliger à fréquenter exclusivement des célibataires, ce qui compte est l'être humain et non pas son mode de vie.

Il s'agit plutôt de s'entourer activement de personnes qui te perçoivent également comme un être humain à part entière, sans t'exclure ou éprouver de la pitié pour toi en raison de ta supposée imperfection. Le mieux pour le développement d'un climat de soutien efficace est un rapport d'égalité, où l'on considère que chacun a des difficultés, mais pas au même endroit.

CE QUE TU PEUX DONNER

En tant que maman célibataire, j'ai dû d'abord prendre conscience que je n'avais pas seulement besoin des autres, mais que j'avais également des choses à donner ! Par exemple, un appartement libre les week-ends où mon fils était chez son père, chose impossible quand on est marié. Nous pouvions alors prendre l'apéro chez moi le samedi soir, puis faire la grasse matinée en toute tranquillité le dimanche après avoir fait la fête ! Et mon logement pouvait faire office de havre de paix, propice aux bonnes discussions.

Réfléchis à ton tour:

⟶ En tant que célibataire, que te renvoie ton entourage ?

⟶ À quel point te sens-tu « normal(e) » ?

⟶ Que peux-tu offrir de mieux aux autres par ta manière de vivre seul(e) (avec enfant) ?

⟶ De quoi aurais-tu davantage besoin de la part de ton entourage ?

⟶ Comment pourrais-tu l'obtenir ?

⟶ Qui pourrait te soutenir ?

DES RELATIONS QUOTIDIENNES CHALEUREUSES

Les bonnes choses sont souvent à portée de main – il suffit de bien regarder!

Beaucoup de célibataires, dépourvus d'un entourage familial enveloppant, souffrent occasionnellement d'un trop-plein de temps et d'amour à partager. Il n'existe que trois possibilités :

1. Tu deviens hargneux(se) et amer(ère) parce que personne ne t'aime et tu te retires, résigné(e), du monde.

2. Tu dépenses toute ton énergie dans le travail de manière à rentrer chez toi épuisé(e) tous les soirs pour ne plus ressentir ton trop-plein d'amour.

3. Ou alors tu donnes ton amour et ton attention simplement aux personnes que tu fréquentes tous les jours : tes collègues, tes voisins, tes coéquipiers sportifs, etc.

Je recommande très clairement l'option n° 3.

PROFITER DES OCCASIONS POUR ÊTRE ENSEMBLE

Un vendredi, à 18 h 30, après la dernière séance de thérapie, je suis tombée sur deux collègues buvant du vin et discutant joyeusement dans la cuisine commune de notre cabinet. Surprise, je me suis arrêtée, puis j'ai envoyé un SMS à mon fils adolescent pour lui demander de se réchauffer une pizza au four, et je me suis jointe à elles. Ainsi, nous avons passé deux heures ensemble à rire et à échanger de manière ouverte et spontanée, puis nous sommes toutes rentrées comblées.
Aucune d'entre nous ne vivait avec un homme qui l'attendait à la maison. Ces situations-là sont un cadeau, et elles ont lieu uniquement quand nous sentons dans notre cœur une appartenance et que nous l'embrassons – là où elle naît spontanément. Nous aurions pu toutes les trois rentrer directement après le travail et rester cloîtrées chez nous, mais pourquoi ?!
Avec nos voisins également, nous pouvons former une vraie « communauté » : organiser des barbecues

dans la cour, arroser les plantes, garder les enfants et rendre visite à l'hôpital. Au lieu de vivre simplement côte à côte, on peut participer à la vie des autres et se rendre des services mutuellement. Lorsque mes deux parents âgés sont tombés gravement malades et ont intégré deux cliniques différentes, ce sont leurs **voisins** qui m'ont aidé à gérer la situation ; des gens que je connaissais à peine, mais qui avaient de l'affection pour eux.
Depuis le temps, je suis devenue amie avec beaucoup de voisins de mon immeuble, des familles, des célibataires, des jeunes et des vieux. Ce lien est important pour moi, il me donne un petit sentiment de réconfort et de sécurité.

Ces rapports de voisinage vivants ne naissent pas toujours seuls, tu peux y contribuer :

INVITE LES AUTRES DANS TA VIE

»⟶ Tu peux t'arrêter de temps en temps pour papoter.
»⟶ Tu peux montrer de l'intérêt pour leur vie.
»⟶ Tu peux organiser une fête des voisins dans ta cour ou les inviter à un barbecue dans ton jardin.
»⟶ Tu peux offrir tes services et demander de l'aide. Pouvoir demander du soutien aux autres est important, et ça renforce les liens.

Tout compte fait, il s'agit de s'ouvrir, d'inviter les autres à prendre part à ta vie – tout comme tu t'intéresses à la leur. Cette confiance grandit souvent au fil des années. Samedi dernier, après les courses, Julia et Stéphane, du 1er étage, m'ont invitée au brunch ; l'après-midi, Léo, du 3e étage, est passé pour prendre le thé parce que sa copine avait besoin de calme ; et dimanche, Christine, d'en face, m'a proposé d'inaugurer sa nouvelle table de cuisine. L'après-midi, j'étais assise au soleil dans la cour et j'ai distribué les restes de mon gâteau aux joyeux étudiants de la colocation au rez-de-chaussée ; en échange, ils m'ont conviée à une partie de cartes. J'ai même gagné ! Il y a de quoi oublier son célibat !

Les perles de LA VIE
ne sont PAS suspendues
à UN seul Fil.

William Morris

VIVE LA LIBERTÉ !

De nos jours, de nombreux célibataires – et pas uniquement les jeunes – ne voient purement et simplement plus la nécessité de se mettre en couple. Et à y regarder de près, la question semble justifiée : une relation, pour quoi faire ?

Une femme financièrement indépendante rigole doucement lorsque son amant lui annonce généreusement qu'il va sûrement « aider à contribuer » aux tâches ménagères. « Aider à contribuer » ?!
Ça ne donne pas l'impression qu'il ait l'intention de faire sa part à l'avenir. Et pourquoi la femme la ferait-elle à sa place ?
Ma voisine Cathy, incroyablement séduisante, a presque 70 ans, même si elle a l'air d'en avoir 50. Lorsque je lui ai demandé si ça ne lui manquait pas, un homme dans sa vie, elle a dit en riant avec un geste de dénégation : « Mon Dieu ! Non, non, il voudrait que je lui cuisine ses patates le soir et ça, je n'en ai plus envie ! » Et elle a disparu en agitant joyeusement sa main en guise d'adieu, son matelas de yoga coincé sous le bras.

ADIEU LES DOGMES ET LES DÉPENDANCES

Le mariage classique est basé sur une dépendance mutuelle : la femme dépend de l'argent de l'homme, ce qu'elle compense par la prise en charge des enfants et du foyer. Cette répartition des tâches est aujourd'hui globalement obsolète, les femmes disposant d'un niveau d'éducation équivalant à celui des hommes, et les hommes voulant exercer effectivement leur paternité. Des parents actifs, comblés professionnellement, ne sont pas dans l'obligation de vivre ensemble et d'être en couple. Même pour élever ses enfants de manière responsable, une relation classique à deux n'est pas nécessaire ou, disons, elle est devenue optionnelle.
L'affirmation que l'être humain a besoin de vivre en couple est un dogme puissant que l'on est en droit de remettre en question, car ce n'est pas inscrit dans la « nature » humaine. Dans le monde animal, la monogamie est – contrairement à ce qui est dit – une exception absolue. Même les

oiseaux qui restent en couple depuis la fécondation jusqu'à l'envol de leur progéniture se séparent par la suite. Ils se réunissent éventuellement à nouveau à la prochaine saison d'accouplement, mais cela reste une éventualité ! Et chez les primates, les mammifères les plus proches de nous, l'élevage des petits se fait en collectivité et ne va absolument pas de pair avec une quelconque fidélité des parents. Ainsi la relation de couple monogame s'est établie comme idéal dans l'histoire de l'humanité uniquement lorsque les structures patriarcales ont soulevé pour l'homme la question de la transmission de son patrimoine matériel à « ses » réels héritiers. Et pour ce faire, la mère des enfants devait être déclarée comme possession par le biais du mariage. Dans les cultures matriarcales, cette forme de pensée est jusqu'à nos jours inconnue. Les enfants sont élevés dans des collectivités matrilinéaires ; les hommes rendent simplement visite aux femmes et, même s'ils peuvent rester « amis » tout au long de leur vie, il n'existe aucune exigence de fidélité réciproque.

LA FORMULE
« MONOGAMIE À VIE »
N'EST PAS UNE OBLIGATION.

Sans doute la plupart des gens désirent-ils la proximité, la familiarité et l'intimité, mais le fait que cela ne puisse exister exclusivement que dans une relation à deux est une construction imaginée par les humains – et non induite pas une nécessité naturelle. Beaucoup de personnes préfèrent aujourd'hui vivre dans des réseaux relationnels plutôt que de rester accrochées à l'idée de la « monogamie à vie ». Ce modèle de vie peut très bien fonctionner pour des personnes avec une envie d'autonomie prononcée et un moindre besoin de sécurité. Ainsi la question de la nécessité d'un partenaire ne peut être envisagée que d'un point de vue très individuel. Les uns pensent trouver leur bonheur au sein d'un seul foyer pérenne, tandis que les autres aiment butiner.

Vive la liberté !

JALOUSIE : LA FEMME CÉLIBATAIRE COMME « MÉCHANTE » RIVALE

Les célibataires jeunes et jolies en particulier font souvent la douloureuse expérience d'une jalousie hostile de la part de femmes en couple.

Lisa, 26 ans, violoniste, raconte : *« Lorsque j'ai intégré cet orchestre, j'étais l'une des rares femmes, et de surcroît célibataire. L'accueil des musiciens était sympathique et collégial, à l'inverse de leurs femmes. J'étais consternée par tant de suspicion et d'hostilité, que j'ai rencontrées pendant les premières ou les tournées de concert. Et ça m'a mise en colère, car cela supposait que j'avais l'intention de séduire mes collègues – dont certains avaient le double de mon âge, soit dit en passant. J'étais nouvelle dans cette ville et j'aurais souhaité tisser un lien plus personnel avec mes collègues, mais cela s'est avéré impossible, leurs partenaires ont tout fait pour l'empêcher. »*

Certaines femmes, une fois célibataires, se font même exclure de leur cercle d'amis.

Marlène, 32 ans, témoigne : *« Notre entourage était composé principalement de parents rencontrés à la crèche. Lorsque nous nous sommes séparés, mon mari et moi, j'ai constaté à ma grande surprise qu'on me regardait différemment. Les autres mères me considéraient avec suspicion ; j'étais devenue un danger potentiel, une rivale. Cela m'a beaucoup blessée. Je me suis toujours sentie rassurée dans ce cercle, et j'étais soudainement devenue la cible de leurs projections, alors que je n'avais jamais ressenti d'attraction sexuelle pour aucun de ces hommes. Malgré cela, en tant que célibataire, j'avais l'étiquette "disponible" collée sur mon front. »*

À un moment de leur vie où Lisa et Marlène auraient souhaité de la solidarité et du soutien de la part de la gent féminine, elles ont rencontré de la jalousie et de la rivalité. Pas très plaisant.

C'EST DÉSAGRÉABLE, MAIS SOUVENT INÉLUCTABLE

Ce qui est intéressant, c'est que ce sont souvent les femmes en couple avec des hommes peu attirants qui réagissent avec cette peur prononcée de perdre leur conjoint, et donc avec un comportement de rejet. Pour la femme fraîchement célibataire, cela peut être très douloureux. Elle vit une deuxième séparation : celle d'avec les couples de son entourage qui ne la considèrent plus comme une personne aimable et de valeur, mais comme un danger sexuellement disponible. La méfiance également est blessante dans ce rejet que vivent les célibataires, ce message qu'elles ne sont plus dignes de confiance, mais qu'elles seraient prêtes à se jeter sur le premier homme venu, même si c'est un père de famille.

Que peux-tu faire ? Tu ne peux guère mettre un sac sur ta tête et te couvrir de cendres pour ne pas avoir l'air si dangereusement séduisante. Il est également contre-productif d'expliquer à ces femmes à quel point tu trouves leur partenaire inintéressant et peu attirant. En fait, tu ne peux rien faire, car tu es dans l'impossibilité de leur enlever leur peur. Et ça ne sert à rien d'avoir honte et de te faire toute petite, car cela risque d'atteindre ton estime de toi. Parfois, tu dois simplement accepter certaines de ces ruptures avec des amis en couple comme une conséquence de ta séparation. Et il est légitime de se demander si ces amitiés n'étaient pas déjà un peu « branlantes » dans le passé : visiblement, la base de confiance n'a jamais vraiment existé. C'est douloureux, mais c'est la vérité.

Concentre-toi plutôt sur les amis pour lesquels tu es restée la même personne après ta rupture. Ceux qui s'intéressent sincèrement à toi et à ta vie et pour lesquels ton célibat n'est pas un facteur prépondérant. Tout comme un handicapé ne souhaite pas être considéré en permanence comme une personne amoindrie, mais comme un individu à part entière, un(e) célibataire n'a pas envie d'être continuellement perçu(e) par les couples comme « celui ou celle qui est seul(e) ». Tu es et tu restes toi-même !

DES AMITIÉS POUR LA VIE

Quand, à l'âge de 14 ans, j'ai perdu ma meilleure amie du jour au lendemain à cause de sa première relation amoureuse, j'étais profondément ébranlée. Un adulte bienveillant essaya de me consoler en me disant : « C'est comme ça. L'amitié n'a aucune chance contre l'amour. »

DES AMIS QUI RESTENT

Aujourd'hui, plus de trente ans plus tard, j'ai compris que ces paroles étaient vraies et fausses à la fois. Au fil des ans, j'ai certainement encore vu des femmes et des hommes laisser tomber leurs ami(e)s après l'apparition de la « bonne » personne dans leur existence. D'un autre côté : dans la vie de toutes les personnes avec lesquelles j'entretiens une amitié de plus de vingt ou trente ans, il y a eu des ruptures amoureuses, mais cette amitié a survécu jusqu'à aujourd'hui. Elle était plus solide et plus résistante que les histoires d'amour.

La génération de nos parents était encore convaincue que les amitiés n'étaient importantes que pendant la jeunesse et que, plus tard, le ou la partenaire comblerait tous ces besoins. De nos jours, tous les thérapeutes de couple sont effarés par de tels propos. Il est avéré sans aucun doute que les couples vivant isolés dans un système symbiotique sans cultiver des amitiés personnelles et individuelles sont plus insatisfaits.

De fait, tu ne peux pas faire grand-chose quand tes ami(e)s te « quittent » pour une nouvelle histoire d'amour. Tu ne peux que digérer au mieux cette vexation et composer avec ta tristesse, ta colère et ton impuissance.

Ce que tu peux faire en revanche, c'est te concentrer sur les ami(e)s qui restent malgré tout. Ces amitiés peuvent apporter aux deux parties un solide ancrage, vous permettant de trouver de la stabilité et de la sécurité dans toutes ces tempêtes que la vie nous fait traverser.

En tant que célibataire, mais également lorsqu'on est en couple, ces « compagnons de route » à travers la vie sont infiniment importants.

Et il n'est absolument pas nécessaire d'opposer les relations amicales et amoureuses, au contraire, elles sont parfaitement complémentaires lorsque les rapports sont sains.

GÉRER LE DÉSÉQUILIBRE

Néanmoins, ce sentiment de déséquilibre qui survient de temps à autre dans une relation entre un célibataire et une personne vivant en couple crée parfois des problèmes. Les célibataires ont souvent l'impression d'être davantage en demande d'amitié, car tandis que les amis en couple sont en permanence entourés d'égards par une personne dont elles doivent se « libérer », eux dépendent au contraire de leurs ami(e)s pour ne pas sombrer dans la solitude. Cela peut être très frustrant.

Que faire pour mieux gérer ce déséquilibre?

Cultiver le contact avec d'autres célibataires

★ Ils sont dans la même situation et te comprennent parfaitement bien.

La qualité plutôt que la quantité

★ Peut-être que ta copine mariée et mère de plusieurs enfants a moins de temps qu'avant pour te voir. Malgré tout, vos rencontres (plus rares) peuvent garder leur intensité et leur profondeur. Tant que vos échanges demeurent ouverts et intimes, votre amitié survivra aussi à des relations plus espacées.

La patience

★ Même au sein d'amitiés de longue date, il arrive que l'un ou l'autre « disparaisse » pendant plusieurs mois parce que sa vie est trop prenante et mouvementée. Il est conseillé alors de faire signe de temps en temps sans trop mettre de pression. Garde la confiance, les vrais amis ne se perdent pas si facilement.

Des groupes solides

★ Dans ce cas, tu es régulièrement entouré(e) de personnes sympathiques sans devoir expressément téléphoner à quelqu'un.

Les réseaux du quotidien

★ C'est bien de disposer également, en dehors de tes amis proches, d'un réseau de bonnes connaissances avec lesquelles tu aimes discuter de temps en temps.

TON SOLIDE RÉSEAU D'AMIS

Trucs et astuces

Ta meilleure amie / ton meilleur pote habite à 700 km ? C'est sûr, ces relations sont difficilement remplaçables et, en tant que célibataire, cela représente une grande perte, mais plutôt que de vouloir remplacer cette personne unique à tout prix, tu peux peut-être essayer ici encore de construire un réseau. Au lieu d'avoir « un(e) ami(e) pour tout faire », tu peux te trouver plusieurs personnes sympathiques remplissant différents rôles.

L'ami(e) pour les sorties

★ En tant que célibataire, il faut quelqu'un qui aime sortir régulièrement avec toi pour faire la fête. Il ne s'agit pas d'avoir des conversations profondes ou hautement intellectuelles, mais de rigoler et de s'amuser ensemble. Une personne fêtarde qui aime danser et flirter, même une petite bande de copains, peut valoir dans ce cas son pesant d'or.

Le « camarade de sport »

★ Une personne qui pratique ton activité préférée avec toi : vous faites du yoga ensemble, parlez de canoës pliants, allez pêcher, assis côte à côte sous la pluie pendant des heures, ou vous partagez votre victoire au beach-volley. Si tu pratiques un sport en groupe ou dans une équipe stable, tu auras éventuellement toute une bande de camarades d'un coup. Cool !

La collègue préférée

★ Quelqu'un avec qui tu adores travailler et avec qui tu peux parler boutique avec enthousiasme. Vous tirez sur « la même corde », vous vous serrez les coudes en cas de conflit et assistez peut-être ensemble aux mêmes congrès et formations. Vous avez beaucoup de sujets à partager et vous évoluez professionnellement de concert.

«Parfois, les choses les plus banales deviennent extraordinaires parce qu'elles sont partagées avec les bonnes personnes.»

Elizabeth Green

L'alliance au quotidien

★ Que ce soit une colocataire, un voisin sympa ou une amie qui habite au coin de la rue : une personne avec laquelle tu puisses échanger de manière fluide au quotidien. Vous papotez dans l'escalier pour critiquer le nouvel emplacement de l'arrêt de bus, prenez un petit café, faites tourner les clés pour donner accès aux compteurs de gaz, et vous vous confierez peut-être après un certain temps des choses plus intimes. Ça fait du bien !

Le conseiller relationnel

★ Quand tu es célibataire, tu as besoin de quelqu'un avec qui tu peux discuter de tes dernières amourettes, sans pour autant être considéré(e) comme un(e) adolescent(e). Quelqu'un qui aime partager ce genre d'histoires et qui adore les analyser ! Qui affectionne les conversations sur le sexe et qui est passionnément solidaire avec toi lorsque ta dernière tentative relationnelle tombe à l'eau – ou qu'elle s'avère au contraire prometteuse !

La friande de culture

★ Afin que tu ne sois pas toujours seul(e) dans tes pérégrinations au musée, au concert, au théâtre ou au cinéma, c'est super d'avoir en réserve une copine friande de culture qui n'aime pas seulement t'accompagner, mais qui t'invite également souvent. Dans ces cas, c'est préférable de partager les mêmes goûts, car être traîné(e) sans arrêt à l'opéra quand tu es fan d'AC/DC ou à des slams poétiques alors que tu es spécialiste de Goethe, c'est fatigant à la longue.

Les amitiés entre parents (si tu as des enfants)

★ Surtout pour un parent célibataire, il est très important de se lier avec d'autres parents de son entourage. Parfois, c'est simplement pour passer un petit moment de détente ensemble avec les enfants à l'aire de jeux, au parc ou à la maison chez l'un ou l'autre. Cette distraction est d'une grande importance, compte tenu du temps que les parents célibataires consacrent d'habitude seuls à leurs enfants – et ça peut être assez épuisant.

VOYAGER EN CÉLIBATAIRE

Au début, certains considèrent le fait de voyager seul comme un problème. Ils ont peur d'être dépassés ou de finir dans un consulat à la suite d'un vol, ou encore de rester seuls parmi les couples – ce n'est de toute évidence pas une perspective très reposante, ni très vraisemblable d'ailleurs !

Pas de souci, le voyage en solo – même pour les femmes – est largement pratiqué de nos jours.

Beaucoup de célibataires affirment créer bien plus rapidement des liens avec d'autres voyageurs, le pays et les autochtones en voyageant seuls plutôt qu'en couple.

Certaines formes de voyage sont particulièrement adaptées aux célibataires :

Les voyages individuels à la manière des « routards »

★ Que ce soit la Thaïlande, l'Australie, la Tanzanie ou l'Irlande – si tu suis les parcours proposés par des guides comme *Lonely Planet* ou *Le Guide du routard*, tu pourras toujours nouer des liens aux points de rencontre des routards. Ce peuvent être des hôtels, des cafés ou des bars dans lesquels des voyageurs de tous les coins du monde se retrouvent pour échanger des conseils et s'entraider. Là, souvent, des petits groupes se forment pour continuer la route ensemble.

Les congrès de spécialistes, séminaires et workshops (pourquoi pas à l'étranger ?)

★ Si tu aimes bien ton travail, tu prendras plaisir à plonger pour quelques jours en compagnie de tes semblables dans le monde des spécialistes de ta branche. Tu participeras à des discussions intéressantes, assisteras à des conférences inspirantes et tu noueras certainement, au plus tard le soir, de nouveaux contacts autour de l'apéro.

Voyager activement en groupe

★ En tant que célibataire, il est particulièrement important de participer à des activités stimulantes pendant les vacances. Faire de la randonnée, du surf, du canoë, du vélo, du yoga, peu importe : les voyages en groupe dédiés au sport sont parfaits. Il y en a pour tous les âges et tous les niveaux, depuis le débutant jusqu'au pro du fitness. Ces groupes sont souvent composés de couples et de célibataires, et c'est précisément ce mélange relaxant que de nombreux voyageurs solitaires apprécient.

Les grands campings

★ Si ton budget de vacances est relativement restreint et que tu aimes la nature, le camping est idéal pour nouer rapidement des contacts. Cela étant dit, tous les campings ne se valent pas. Ceux qui comptent un grand nombre d'habitués sont à éviter, car ils sont majoritairement investis par des couples âgés et des familles avec enfants préférant rester entre eux. L'important est qu'il existe un endroit où l'on peut se rencontrer le soir pour sociabiliser – un bar, un feu de camp, un podium de concert, peu importe, c'est là où l'on fait le plus facilement des connaissances.

Les festivals, conventions et événements culturels

★ Certains partent au festival de musique classique à Aix-en-Provence ou à Milan, d'autres vont à un rassemblement de *bikers* en Californie ou à une convention de surf au Pays basque, d'autres encore choisissent la Crête ou la Suède pour des rencontres artistiques ou des stages de yoga : peu importent tes centres d'intérêt, tu passeras toujours un moment super avec des gens partageant la même passion ! L'avantage de ce genre d'événements est que l'envie de rencontrer de nouvelles personnes n'est pas l'unique raison pour laquelle on y participe. Tu te laisses inspirer et tu évolues, tout en plongeant dans une atmosphère où le statut familial n'a aucune importance, et après un certain temps tu croiseras tout naturellement des gens avec qui tu auras envie de passer davantage de temps.

Évite les « voyages spécialement organisés pour célibataires ». (Plus d'infos dans le chapitre « À éviter : les événements pour célibataires ».)
Au même titre, les voyages organisés ne sont pas recommandables. Passer ses soirées seul(e), assis(e) entre des familles et des couples, peut s'avérer ennuyeux, et le contact forcé avec l'unique voyageur solitaire de l'hôtel n'est pas forcément source de joie. Trouver des âmes sœurs dans les hôtels au rabais est difficile, même pour les plus aguerris des célibataires. Si toutefois tu devais atterrir là-bas, une visite au bar de l'établissement est fortement recommandée !

ÊTRE STABLE TOUT EN RESTANT SOUPLE

Les célibataires heureux réussissent une sorte de tour de force zen : d'une part, ils sont satisfaits avec leur vie, ils ont trouvé leur milieu, et en même temps ils restent ouverts à tout. Ils croient à la possibilité du changement – le souhaitent même –, à l'évolution, à l'instabilité (passagère) et à de nouveaux partenaires.

RESTER DÉTENDU(E) !

Même si les célibataires reprochent volontiers aux couples la rigidité de leurs rituels et leur inflexibilité grandissante, ils n'en sont eux-mêmes pas à l'abri. En vieillissant, ils développent également une tendance à l'excentricité et aux obsessions. Le beurre ne doit être entamé que d'un côté, le chauffage est réglé sur trois pendant la nuit, et samedi matin à dix heures pile, on allume son émission de radio préférée. Mais que se passe-t-il si l'amant(e) dessine joyeusement un smiley sur le dessus du beurre, ouvre grand la fenêtre la nuit et veut t'attirer avec ferveur au lit à dix heures moins cinq ?! Peux-tu encore t'en réjouir, ou luttes-tu avec une crise de tachycardie et des envies de jurer ?! La rigidité est un méchant poison. Lorsque nous ne sommes plus capables de suivre la rivière naturelle de la vie, nous commençons à mourir intérieurement. Et lorsque nous ne pouvons plus accueillir les nouvelles inspirations dans notre existence comme un « souffle nouveau », mais que nous verrouillons hâtivement les fenêtres pour qu'aucun bout de papier ne bouge dans le courant d'air, nous commençons vraiment à être seuls. À l'intérieur comme à l'extérieur.

Clairement, la stabilité est une chose importante. Nous avons envie de nous sentir rassurés, et les habitudes comme nos rituels chéris y contribuent sans aucun doute. La voix familière de notre animatrice radio préférée le samedi matin nous met de bonne humeur – et il est également bien pratique de savoir quel genre d'alimentation nous apprécions et ce qui nous fait du bien.

Cela devient compliqué lorsque le « champ des négociations » au sujet

*«Lorsque la brise souffle
le changement,
les uns construisent des murs,
les autres, des moulins à vent.»*

Adage chinois

de nos habitudes s'est déjà tellement rétréci que de nouvelles personnes ne peuvent plus trouver leur place dans notre vie.
Parce que le rituel en soi est devenu plus important que sa fonction initiale. Franchement, pourquoi ai-je besoin de la voix de l'animatrice radio, si mon amant me murmure des mots doux à l'oreille ? Et n'est-ce pas intéressant d'apprendre la cuisine végane par la nouvelle colocataire ? Je peux manger mon steak tout seul plus tard ! Un bon moyen pour rester souple est de voir les nouvelles inspirations comme des **alternatives supplémentaires**, et non comme une opposition menaçante. Personne ne te force à changer tes habitudes pour **toujours**, mais la nouvelle personne dans ta vie est certainement heureuse si tu fais au moins un effort. Il y a quelques années, j'ai réellement appris la cuisine végane de cette manière, je ne la pratique qu'occasionnellement, mais ça m'a stimulée, et j'ai étoffé ma connaissance en matière de préparation et d'ingrédients pour divers plats. Sympa, non ?

CELUI QUI EST EN PAIX AVEC LUI-MÊME PEUT OSER DAVANTAGE

L'habilité à accepter les changements venus de l'extérieur est intimement liée au sentiment de sécurité que nous ressentons dans notre vie. Une personne bien centrée se sent moins menacée par la nouveauté que quelqu'un qui s'accroche peureusement à ses habitudes ; au fond, il craint de perdre son identité en les lâchant.

Il faut s'entraîner régulièrement pour rester intérieurement souple. Invite des gens ! Accueille des enfants dans ton appartement ! Pars souvent en voyage ! Tu t'exerces ainsi à être plus tolérant et plus stable.

ATTENTION À LA « DÉPRESSION DE PENTECÔTE » !

Pâques, la Pentecôte, l'Ascension : surtout pour les célibataires, ces longs week-ends peuvent CONSIDÉRABLEMENT s'étendre – et se transformer par la même occasion en voyages au bout de l'enfer de la solitude.

Quand les célibataires aguerris et expérimentés planifient leurs longs week-ends assez tôt, les nouveaux arrivants tombent tout d'abord dans le piège. C'est couru d'avance, lorsque tu réalises la veille d'un pont que tu n'as rien prévu pour les jours à venir. Tu fais rapidement le point : tes parents sont en vacances, ta meilleure amie vient d'accoucher et n'est pas disponible. Tu commences à téléphoner fébrilement à tous tes amis et tu constates : soit tout le monde est déjà en famille, soit ils ont d'autres projets. Et toi ?!

Attention ! Pour faire en sorte que la situation ne s'aggrave pas, il y a certaines choses que tu dois à tout prix éviter :

SURTOUT PAS !

⟶ Le cinéma pour enfants : Tu vas au cinéma un après-midi et, coincé(e) entre deux cents enfants survoltés qui déballent leurs bonbons, jettent leurs pop-corn et pleurnichent devant leurs parents, tu regretteras ta décision bien avant que le film ait commencé.

⟶ Le séjour en couple : Tu rends visite à deux couples dans leur maison de vacances au Provence. Ils ont beau être les personnes les plus gentilles du monde, se retrouver devant la cheminée le soir tout seul avec deux couples réduit en miettes le cœur de n'importe quel célibataire.

⟶ La terreur de la station thermale : Tu passes la journée dans des thermes relaxants à la campagne. Les Dupont nagent devant toi, à tes côtés se reposent les Portejoie, et dans ton dos, les Duchaîne s'enduisent mutuellement de crème. Et dans le sauna, tout le monde se cause. ET toi ? Tu voudrais juste être ailleurs, très loin, quelque part où tu pourrais vraiment te détendre.

»——› La détresse de la kermesse : Tu te rends seul dans un parc de divertissement (kermesse, marché de Noël, etc.). Il y a des ados en goguette, des familles hilares, des couples qui s'embrassent, des compagnons de bowling bourrés... Ici, tout le monde semble s'amuser – sauf toi.

»——› L'overdose de télé : Tu restes scotché(e) quatre jours devant la télé. Après quoi tu te sens comme si tu avais reçu un coup sur la tête, mais tu ne te souviens pas à quel moment. Par ailleurs, tu ne te rappelles rien d'autre du week-end, la seule chose dont tu es sûr(e), c'est que tu as vraiment besoin de vacances.

BIEN PLANIFIÉ, C'EST PLUS LÉGER

Pour prévenir ce genre de détresse émotionnelle, tu dois à tout prix t'occuper par avance de la planification de ton long week-end, au lieu de le faire la veille !

Si tu n'as pas envie de partir, essaye dans tous les cas d'avoir au moins un rendez-vous par jour férié, avec des ami(e)s, ta famille, tes voisins ou autres.
Surtout pour des parents dont les enfants sont en garde alternée, ces week-ends sans môme peuvent être difficiles. D'habitude, ils sont occupés avec leur progéniture, et le changement provoqué par le célibat peut les frapper pour la première fois de « plein fouet ». L'appartement est triste et vide, et ils doivent se prendre en charge tout seuls pendant plusieurs jours d'affilée. Or, ils n'en ont pas l'habitude.
Mais pas d'inquiétude, ces « problèmes au démarrage » sont répandus, la prochaine fois, tu sauras quoi faire.

La prochaine Pentecôte sera la fête de ta liberté!

Par exemple, avec les conseils pratiques de la page suivante :

DES CONSEILS POUR TON LONG WEEK-END EN CÉLIBATAIRE

1

Night fever

Sors le soir pour aller danser ! Prends rendez-vous avec une copine, des copains, des collègues, peu importe ! Fais la fête, déhanche-toi jusqu'au petit matin, puis rentre pour t'écrouler dans ton lit, fatigué(e) mais heureux(se), et le lendemain, tu fais la grasse matinée jusqu'à midi. Tu passeras le reste de ta journée complètement détendu(e).

2

Le marathon de lecture

Emprunte à la bibliothèque ou auprès d'amis une saga d'*heroic fantasy* que tu as toujours voulu lire (*Harry Potter*, *Le Seigneur des anneaux*, *Les Chroniques de Narnia*, etc.) et installe-toi confortablement sur le canapé, le balcon ou au lit. Personne ne te dérange, c'est merveilleux !

3

Les aventures culturelles

Choisis un événement passionnant dont tu peux discuter avec d'autres personnes, évite les concerts classiques ou les musées où l'on déambule en silence. Opte plutôt pour un concert de rock, une lecture suivie d'un pot, un vernissage ou n'importe quelle pièce de théâtre interactive, où les participants doivent communiquer entre eux. Même si tu trouves cette forme d'art un peu étrange, tu t'amuseras !

4

Aller voir des amis

Fais ton sac, saute dans le train ou la voiture et rends visite à un ami cher qui a déménagé dans un autre coin. Même si tu ne restes qu'une nuit, ces moments passés ensemble sont inoubliables. Vous pouvez bavarder dans la cuisine, tu peux jouer avec les enfants, aider à nourrir les chiens, et vous pouvez même faire la fête ensemble. Dans tous les cas, tu rentreras comblé(e) et tu auras ravivé ton amitié.

5

Bouger

Enjambe ton vélo, monte dans un canoë, va à la piscine, à la salle de sport ou en randonnée : ça fait du bien de bouger. Tu sors de chez toi et tu te changes les idées ; par ailleurs, c'est bénéfique pour ton corps, tu te dépenses et tu te ressources.

6

Un temps de créativité

Un long week-end, c'est parfait pour te plonger dans une activité créative. Tu peux restaurer un meuble, t'entraîner à la guitare, faire des photos et les travailler ensuite sur l'ordinateur, confectionner un sac ou préparer un gâteau… Il ne s'agit pas de composer un opéra ni d'être perfectionniste, mais plutôt de passer un bon moment bien rempli. Tu seras fier(ère) de toi !

Chapitre 3

Dating, sexe et amourettes : c'est le meilleur moment pour de nouvelles expériences

Dans ce chapitre, tu apprendras:

★ quelles différentes possibilités s'offrent à toi : sexe en solo, rencontres spontanées, histoires qui durent ou aires de jeux alternatives ;

★ quels sont les pires pièges érotiques pour un(e) célibataire et comment les éviter ;

★ comment rester ouvert(e) à de nouvelles rencontres et profiter de la vie façon « boîte de chocolats ».

LA VIE AMOUREUSE DES CÉLIBATAIRES

De nos jours, ne pas vivre en couple ne signifie pas faire une croix sur sa vie intime ou sa sexualité. Au contraire, beaucoup de personnes qui se considèrent comme célibataires ont en réalité une vie sexuelle plus active que des vieux couples, mais il faut un peu d'entrain, des idées et des efforts pour ne pas la perdre (comme c'est le cas pour les couples, d'ailleurs !). Il faut rester ouvert d'esprit et avoir le courage d'expérimenter de nouvelles choses pour élargir ses propres possibilités. Et d'un autre côté, une certaine sérénité est recommandée pour pouvoir traverser les périodes de « disette » sans trop de dégâts et sans tomber dans une quête obsessionnelle de partenaire.

QUELLE IMPORTANCE ACCORDES-TU AU SEXE ?

À quelle fréquence te masturbes-tu ?
a) Quotidiennement, si rien de TRÈS important ne vient me perturber.
b) Selon les besoins.
c) La masturbation ? Qu'est-ce que c'est ?!

Combien de temps tiens-tu sans sexe ?
a) Au plus tard au bout de quatre semaines, je deviens fébrile.
b) Après environ trois mois, je commence à arracher le papier peint des murs.
c) Ça devrait me manquer ? Je ne l'ai jamais remarqué !

Que regardes-tu en premier chez une femme/un homme ?
a) Sa bouche.
b) Ses yeux.
c) Le super livre qu'il/elle est en train de lire.

Tu es tombé(e) amoureux(se). Lorsque vous êtes au lit ensemble pour la première fois, tu te rends compte que ça ne va pas du tout. Que fais-tu ?

a) Je rentre à la maison, abattu(e), et j'écris immédiatement une émouvante lettre d'adieu dans laquelle je prétends ne pas être prêt(e) pour une nouvelle relation.

b) Je pense que ça va s'arranger, si nous nous aimons vraiment.

c) Je ne me prends pas la tête. Il y a plus important dans une relation !

Combien de fois par jour penses-tu au sexe ?

a) La question est plutôt : combien de fois par jour je ne pense PAS au sexe !

b) Ça dépend quel(le) collègue est en service.

c) Je suis trop occupé(e) pour ce genre de choses.

Une bonne fée t'offre trois possibilités, au choix :

a) Une folle nuit d'amour avec un(e) amant(e) passionné(e).

b) Un dîner gourmet (menu à six plats) avec ta meilleure amie.

c) Un billet d'entrée pour la Scala de Milan, vol et hôtel compris.

Résultats

Une majorité de a) :
Pour toi, le sexe est aussi important que manger et dormir. C'est un élixir de vie dont tu ne peux – et ne veux – te passer en aucun cas. C'est pourquoi tu fais bien de veiller à ta vie sexuelle en tant que célibataire et de t'en occuper activement.

Une majorité de b) :
Le sexe est bienvenu, mais tu n'en es pas dépendant. S'il ne se passe rien, tu restes détendu(e). Tu adoptes une position accueillante sans avoir besoin d'accélérer les choses, ce qui te donne la sérénité nécessaire pour laisser les événements venir à toi.

Une majorité de c) :
Ta santé psychique n'est pas du tout liée au sexe. Tu as d'autres priorités, comme l'échange intellectuel et les bons amis. Mais peut-être pourrais-tu faire de temps en temps de la place pour un peu de sensualité et d'érotisme. Ça pimente et dynamise ton quotidien !

FAIRE L'AMOUR – AVEC MOI-MÊME

En réalité, la masturbation est la plus merveilleuse des drogues (sans effets secondaires !) du bonheur qui puisse exister. Elle te rend indépendant de l'existence d'un(e) partenaire sexuel(le), tu peux vivre au choix tes plus beaux fantasmes, tu produis une multitude d'hormones du bonheur et, ensuite, tu es plus détendu que certains après une heure de yoga.

Malgré cela, l'amour en solo a une mauvaise réputation auprès de beaucoup de gens, bien que la plupart n'aient plus tellement de cas de conscience en le pratiquant, car les prétendus dommages moraux, ou même physiques, de la masturbation sont incontestablement réfutés.

Néanmoins, elle est largement considérée comme un « pauvre substitut » un peu honteux. « Je suis obligé(e) de me masturber… » se lamentent certains, « Pourquoi je ne peux pas vraiment faire l'amour avec quelqu'un ? ». Cette dépréciation de l'amour en solo me semble injuste, parce qu'il est tout aussi réel et offre des effets pratiquement aussi positifs sur le corps, l'âme et l'esprit qu'une relation sexuelle à deux. Bien sûr, la dimension de l'intimité est absente, comme le chantait déjà Max Raabe : « On ne peut pas s'embrasser tout seul. » Mais on peut se faire du bien – et avoir un super orgasme en plus.

Profite de toi-même !

Ainsi, c'est avant tout l'attitude intérieure qui compte lorsque nous faisons l'amour avec nous-mêmes. On peut profiter de soi en s'estimant, en ressentant la joie remplir toutes les cellules de notre corps et en étant heureux et reconnaissants de cet orgasme intense que nous nous sommes offert. Ou alors on peut pratiquer l'orgasme comme un acte mécanique, comme exercice de substitut obligatoire et nécessaire dépourvu d'amour. Une telle attitude gâche tout le plaisir – même celui que tu peux te donner !

Au lieu de ça, il est recommandé de varier les pratiques.

*« Ne critique pas la masturbation !
C'est du sexe avec quelqu'un que tu aimes vraiment ! »*
Woody Allen

FAIS-TOI PLAISIR

Les fantasmes

★ Tu peux toujours compléter ta petite « collection intérieure » de fantasmes préférés par des nouveautés, en restant réceptif aux stimulations érotiques que tu reçois pendant la journée. Le décolleté d'une belle femme dans le métro, le sourire d'un jeune musicien de rue audacieux, un couple qui s'embrasse dans un parc… Garde ton esprit éveillé, l'inspiration érotique se trouve partout ! Ces petites choses deviennent de merveilleuses histoires dans ton imagination. Tu peux également t'inspirer de la littérature érotique ou te mettre en quête d'images qui nourrissent ton « cinéma cérébral ».

Les techniques de masturbation

★ Tu constateras également que dans ce domaine les petites variations peuvent faire une grande différence au niveau des sensations. As-tu déjà essayé d'utiliser l'autre main ? De stimuler simultanément d'autres zones du corps (les tétons, les lèvres, le ventre ou les cuisses…) ? Certains ont recours aussi à des *sextoys* ou d'autres stimulants, à commencer par le vibromasseur classique en passant par le pommeau de la douche ; les possibilités sont multiples. Amuse-toi bien !

Les endroits

★ Même en cas de masturbation, tu peux essayer différents endroits, ce n'est pas obligatoirement dans ton lit (juste avant de t'endormir). Le canapé, le tapis moelleux, la baignoire ou la douche sont de bonnes alternatives ; certains ont même très bien joui sur leur fauteuil de bureau !

Traite ton corps avec amour, respect et désir – tout comme tu aimerais être traité par quelqu'un d'autre. De surcroît, une bonne connaissance de ton corps, de ses zones érotiques et préférences te servira également dans une relation sexuelle à deux. Quand on se connaît bien, on prend mieux soin de soi – ça rend le sexe plus facile et plus satisfaisant.

PROFITER DU SEXE – ICI ET MAINTENANT

Les endroits de prédilection des célibataires pour faire des rencontres érotiques sont les soirées dansantes (par exemple de tango), les fêtes, les bistrots habituels, les lectures, les concerts de rock, les clubs et bien sûr les sites de rencontre sur Internet.

C'est judicieux d'explorer de nouvelles possibilités, mais en respectant ses propres limites. Parfois, il faut remettre en question ses valeurs morales : fais-tu du tort à quelqu'un si tu t'amuses le temps d'une nuit avec ce jeune étudiant que tu viens de rencontrer dans ton bistrot préféré ? Ou cette aventure vous fait-elle du bien à tous les deux ?
Dans la poésie antique, déjà, nous apprenons qu'il n'existe pas de « bien » ou de « mal » absolu dans le domaine de l'amour physique. Ainsi, dans *Le Banquet*, de Platon, il est écrit : « Bien fait, c'est bien, mal fait, c'est mal. »

C'est le « comment » qui compte !

LES SIGNES SONT-ILS POSITIFS ?

Si tu décides d'avoir une relation sexuelle spontanée avec un nouveau partenaire, assure-toi consciencieusement que les signes indiquent potentiellement une **bonne** rencontre érotique !

→ Es-tu déjà émoustillé(e) rien qu'en parlant à la personne ? As-tu un bon pressentiment ? Te sens-tu détendu(e), léger(ère) et d'humeur badine ? Riez-vous beaucoup ?

→ Comment se passe le contact physique par incidence ? Électrique ? Donne-t-il envie de plus de proximité ? Est-il naturel ?

→ Te sens-tu en sécurité et en confiance avec l'autre ?

→ Le contact est-il léger, pourrez-vous éventuellement vous regarder facilement dans les yeux le lendemain ? (Ce n'est par exemple pas le cas avec ton patron, le fils adulte de ta meilleure amie, la prof de ta fille ou ta voisine mariée ! Pas touche !)

Si tous les signes sont bons, tu peux commencer par l'embrasser, c'est une chose à essayer dans tous les cas AVANT que tu ne te décides de passer la nuit avec cette charmante personne. Seulement ensuite, tu sauras si ça colle entre vous deux, et si ce n'est pas le cas, affiche ton plus beau sourire et dis joyeusement adieu !

LE CORPS NE MENT PAS

Ne cède jamais à une tentation sans conviction, simplement parce que tu es en manque de sexe, que c'était prévu ainsi, parce que tu ne veux pas décevoir l'autre, etc. Ça peut s'avérer néfaste, car même si ces arguments sont valables pour ta tête, ton corps les ignore. Il ressent un réel désir – ou pas ! Tu ne peux pas lui mentir ! Les relations sans conviction terminent soit avec du mauvais sexe, soit sans sexe du tout, et de surcroît avec un sentiment d'angoisse. Évite ! Mais si au contraire la rencontre est électrique, alors fonce !

« JOUE-LE D'OREILLE ! »

Les bonnes relations sexuelles bien vivantes s'improvisent comme un morceau de musique. Elles se réinventent à chaque fois avec chaque nouveau partenaire.
Lâche tous les plans et tout ce que tu crois savoir sur toi-même ou les autres. Écoute ton corps et sois attentif à **cette** rencontre avec **cette** personne. Reste ouvert à ce qui te fait du bien maintenant et continue sur cette voie. Toutes tes partenaires précédentes adoraient peut-être le sexe oral, mais cette femme qui partage ton lit en ce moment est sensible à autre chose. Peut-être pensais-tu n'aimer que les attouchements tendres, mais de la part de cet homme tu apprécies des caresses ardentes et une prise en mains forte. Tu peux te redécouvrir à chaque nouvelle expérience sexuelle, si tu restes ouvert(e) à cela !

Savoure tout ce que tu fais – et ne fais rien, absolument rien, qui ne te convienne pas. Tu te le dois !

Le vrai VOYAGEUR
n'a pas de PLAN ÉTABLI
et n'a pas l'intention
d'ARRIVER.

Lao-tseu

LES HISTOIRES LONGUES

Pour certains célibataires, les histoires longues sont la solution optimale. On se voit de temps en temps, on fait des trucs sympas ensemble, et on finit au lit.

LES AMIS AMANTS

Beaucoup de gens appellent ces relations aujourd'hui « *friends with benefit* ». On se respecte mutuellement, on profite de la sexualité, mais sans se lier outre mesure.

Attention cependant : si les amitiés se caractérisent par leur solidité, leur stabilité et leur durabilité, ces « amis amants » ont une durée limitée dans le temps. Dès que l'un des deux partenaires tombe amoureux d'une tierce personne et entame une relation sérieuse, cette amitié sexuelle n'y trouve plus sa place, et le passage à une amitié platonique ne réussit que rarement. Ce facteur est toujours à prendre en considération, lorsque tu te poses la question de franchir le pas vers une relation sexuelle dans une ancienne ou récente amitié – cela la fragilise forcément. D'expérience, les relations qui s'y prêtent le mieux sont celles où l'attirance physique est prépondérante dès le début, mais où les différences de personnalités et de styles de vie sont telles qu'une vie de couple réussie est improbable. Dans ce cas, vous pouvez vivre votre fascination mutuelle en toute tranquillité sans vous poser davantage de questions.

Maya, 37 ans, raconte : « *Il y a six mois, j'ai rencontré Marc dans un bar. C'est un genre d'hommes d'affaires classique que je trouve assez terrible d'habitude. Tellement conservateur ! Mais Marc est incroyablement sexy ! Nous étions tout de suite attirés l'un par l'autre, et nous sommes allés le soir même dans son appartement pour faire l'amour, c'était top ! Maintenant, nous nous voyons à intervalles réguliers pour aller au restaurant et ensuite chez lui ou chez moi. Nous ne dormons pas l'un chez l'autre et avons peu de contact par ailleurs. Mais cette histoire me fait énormément de bien, j'apprécie la relation sexuelle intense avec lui et me sens complètement "ressourcée" après nos rendez-vous. »*

Là où ça devient difficile, c'est quand l'un des deux tombe malgré tout amoureux au sein de cet arrangement. Même lorsqu'on a fermement décidé de ne pas se lier, personne ne contrôle toujours ses sentiments. Et tout d'un coup, tu as sans arrêt envie de voir l'autre, tu te languis déjà à mort après trois jours de silence radio, et tu t'aperçois que tu ne lui as jamais demandé s'il/elle voit encore d'autres personnes en dehors de toi. Tu recherches davantage de lien et de proximité. Que faire ?

JOUER CARTES SUR TABLE

Le mieux, c'est d'en parler ouvertement à ton prochain rendez-vous. Je ne veux pas dire par là qu'il faille lui mettre le pistolet sur la tempe et exiger quoi que ce soit, mais plutôt d'avoir le courage de jouer « cartes sur table » et d'assumer tes sentiments. Dire par exemple : « Écoute, j'ai remarqué que la dernière fois, le départ n'était pas si facile pour moi, tu m'as vraiment manqué(e). Et toi, tu t'es senti(e) comment ? » Tu vas entendre et ressentir comment l'autre se positionne émotionnellement.
L'important, c'est de ne pas se cacher derrière ses sentiments ou même d'en avoir honte. C'est normal de tomber amoureux d'une belle personne avec qui on s'entend bien au lit, tout comme c'est acceptable de ne **pas** tomber amoureux. Et si c'était ton cas, formule-le ouvertement et prends soin de toi par la suite. Parfois, un peu de distance pendant un certain temps est conseillée, mais c'est toujours mieux que de se renier. Courage ! Assume qui tu es !

ATTENTION, PIÈGE ! L'AMOUR AVEC DES PARTENAIRES ENGAGÉS

Si tu cherches à prendre un train express dans l'antre du diable, lance-toi dans une relation avec une personne mariée/en couple. Je n'ai jamais vu des gens autant perdre peu à peu leur stabilité intérieure et leur estime de soi que dans ces conditions.

Il ne s'agit pas pour moi de donner des leçons de morale, mais simplement, dans ce genre de configuration, la personne célibataire en fait tôt ou tard presque toujours les frais et se retrouve le bec dans l'eau.

Bien sûr, au début, tout cela est électrique et follement excitant. Les rendez-vous secrets, la transgression érotique, l'attrait de l'interdit. Quelqu'un prend un risque pour toi, tu te sens flatté(e) et incroyablement désiré(e). Vous planifiez vos rencontres comme des agents secrets, tout est magique et d'une intensité irréelle. Dans cette phase du début, qui dure à peu près deux à quatre mois, ton cerveau est littéralement noyé d'hormones du bonheur, et rien d'autre ne t'importe – mis à part vos rencontres. Tu élimines toutes les pensées relatives à sa femme/son mari, elles ne t'atteignent pas.

LA CHUTE DE HAUT

Et ensuite, la réalité reprend le dessus, parfois de manière radicale. Par exemple parce que tu dois subir une terrible intervention dentaire, qu'on t'a volé ton vélo adoré, que tu te fais congédier de ton appartement, ou simplement parce que c'est Noël. Tu es bouleversé(e) et tu as besoin de quelqu'un qui te prenne dans ses bras, te caresse la tête et murmure : « Ça va aller, je suis avec toi. » Mais il n'y a personne, car ton amant lié doit emmener la voiture au garage pour sa femme, accompagner sa belle-mère chez le médecin et acheter des cadeaux de Noël pour ses enfants.

Par ailleurs, sa femme a des soupçons, donc « moins de rendez-vous, s'il te plaît ». « Et moins de messages WhatsApp®, ok ? » Il ne veut pas se sentir sous pression, tout était censé être beau et léger entre vous !

Mais que faire si, toi, tu ne te sens

plus du tout belle et légère, mais faible, en demande – et, quelque part, vide ?
Tu réalises que tu t'es liée à un vampire ; avide de vie, probablement desséché par sa relation sexuellement érodée, il s'est jeté sur toi pour profiter de ton sang frais. Et tu l'as aidé à vivre avec ton énergie pour qu'il puisse mieux supporter la difficulté de demeurer dans son mariage ennuyeux.
Si tu entres dans une colère noire suite à cette prise de conscience : bravo ! Profites-en pour te libérer de cette relation asymétrique et potentiellement abusive. Même si les vampires sont souvent désespérés : quelqu'un qui profite de ton amour pour faire vivre une autre relation n'est pas bon pour toi. Ou alors espères-tu encore qu'il se séparera pour toi ?

OUBLIE L'HISTOIRE

D'un point de vue statistique, un quart seulement des gens se séparent de leur partenaire conjugal pour une histoire d'amour. Et s'ils le font, ça se passe plutôt rapidement. Dans tous les cas que j'ai observés dans la sphère privée ou professionnelle, cela s'est fait après plusieurs semaines, au maximum deux mois. Jamais après ! Néanmoins, je connais des histoires à dresser les cheveux sur la tête de femmes célibataires qui sont restées fidèles à leurs amants mariés pendant plus de vingt ans – jusqu'à la mort de ces derniers. Elles n'étaient évidemment pas présentes, car ce sont les femmes légitimes qui se trouvaient à leur chevet.

Ne t'inflige en aucun cas cette situation ! Fais en sorte de rencontrer un partenaire à ta hauteur, ce qui n'est possible que lorsque vous êtes tous les deux libres. Renvoie ton vampire dans le cercueil de son mariage, et trouve un compagnon qui ne se réduise pas en poussière à la lumière du soleil !

LES AIRES DE JEUX ALTERNATIVES

Si tu es d'avis que l'intimité physique est exclusivement réservée aux relations de couple, tu peux tranquillement passer ce chapitre. Sinon :

EN AVANT L'AVENTURE !

Il existe aujourd'hui, surtout dans les grandes villes, de toutes nouvelles possibilités pour avoir recours aux câlins – ou à la sexualité.

LES CLUBS DE SEXE ET D'ÉCHANGISME

Dans les dernières dix années s'est développée une culture de clubs échangistes dont profitent vivement des adultes de tous âges, sexes et niveaux d'éducation – et pas uniquement les couples. Aujourd'hui, dans ces clubs, on ne demande même plus une carte de membre, tu peux t'y rendre de manière spontanée. La principale règle est la pratique sexuelle protégée et par consentement mutuel – alors pas de crainte !

Néanmoins, il t'appartient de signifier clairement ce que tu veux faire avec qui, et ce que tu ne veux pas faire. À l'entrée des clubs échangistes, tu trouves des vestiaires pour mettre ta tenue frivole. Les sous-vêtements sexy et les torses nus pour les hommes sont répandus. À l'intérieur, il y a un bar autour duquel on peut discuter sans complications, ainsi qu'un buffet, et aux étages on trouve différents espaces avec piscine, sauna et petits coins qu'on appelle les « aires de jeux ».
Les femmes célibataires ne payent que très peu l'entrée, voire pas du tout. On m'a unanimement raconté que l'ambiance dans les clubs d'échangistes était déjà très relax lors de la première visite, voire chaleureuse.

LES SOIRÉES CÂLINS

Si on ne veut pas d'emblée avoir des relations sexuelles avec des inconnus, mais vivre malgré tout une certaine proximité physique, on peut se rendre aux « soirées câlins » organisées dans

plusieurs grandes villes – pour la plupart dans un environnement plutôt ésotérique. Là-bas, on commence le *warm-up* avec des petits jeux en groupe et on finit joyeusement réchauffés dans les bras des uns et des autres.
Les attouchements sexuels sont interdits, et tu es expressément invité(e) à ne pas accepter des choses qui te déplaisent.

LES ATELIERS DE TANTRA

Non, le tantra n'est pas réservé aux couples ! Il s'adresse à toutes les femmes et hommes voulant entrer en contact avec leur sensualité et intensifier leurs sensations érotiques. Il existe toute une série d'offres sérieuses de séminaires pour célibataires ou mixtes. Renseigne-toi préalablement, et suis de préférence les recommandations d'une personne que tu connais personnellement. Une prof de tantra professionnelle et responsable te procurera un sentiment de sécurité absolu et t'invitera à ne pas dépasser tes limites. Une fois qu'un tel espace de sécurité sera créé, différents exercices t'amèneront à vivre des expériences sensuelles, enrichissantes et stimulantes.

Corinne, 40 ans, raconte : « *Avant mon premier stage de tantra, je n'avais que des idées vagues de ce qui m'attendait. Mais j'ai très vite compris que j'étais entre de bonnes mains dans l'institut où m'avait envoyée une amie. L'ambiance ouverte d'esprit mise en place par les deux professeurs, un homme et une femme, était chaleureuse et détendue. Ainsi s'est créé un espace où, tout d'abord, j'avais beaucoup de temps pour entrer en contact avec moi-même et ressentir mon propre désir : j'ai arrêté de suivre celui des autres. Nous avons beaucoup dansé, pratiqué des exercices seuls, à deux, à trois ou en groupe. Certains étaient des jeux enfantins, d'autres sensuels et érotiques, sauvages et fort, et d'autres encore doux et profonds. Le respect de soi et des autres était toujours clairement prioritaire, il ne s'agissait nullement de sexe en groupe ou autres idées préconçues.*
Pour moi, le tantra traite de présence, d'authenticité, de vivacité et de la possibilité de pouvoir vivre cela également plus consciemment avec mon côté corporel, sensuel et érotique. »

À ÉVITER : LES ÉVÉNEMENTS POUR CÉLIBATAIRES

Presque tous les célibataires que je connais étaient à un certain moment tellement désespérés qu'ils ont participé, en guise de bouée de sauvetage, à un « événement pour célibataires ». Pour éviter à ton estime de toi de recevoir un coup bas, écoute leurs conseils et :

NE LE FAIS PAS !

Tu n'en tireras rien, à part de la mauvaise humeur !

LES FÊTES POUR CÉLIBATAIRES

Au premier abord, ça a l'air bien : une grande fête où on peut rencontrer beaucoup d'autres célibataires et danser, boire et s'amuser.

Malheureusement, la réalité est tout autre ! Lorsque j'ai assisté à une telle fête, j'ai failli avoir une attaque. Il y passait un mélange absurde de tubes actuels et de vieux morceaux pop des années quatre-vingt ; la plupart des hommes avaient autour de 50 ans et étaient habillés comme des concierges en vacances à Majorque, et ils étaient aussi ivres, ce qui n'améliorait guère le niveau de leur technique de drague. D'autres femmes ont unanimement témoigné ne jamais avoir rencontré autant d'adultes dans un tel état d'ivresse que dans ces « soirées pour célibataires », un spectacle accablant et peu appétissant.

Christine, 36 ans, a entendu de la part d'un homme costaud les balbutiements suivants : « Chez toi ou chez moi ? » D'entrée de jeu ! Et ce n'est pas arrivé dans une boîte de nuit bouseuse à la campagne, mais dans un club branché qui vend des fêtes avec « style et classe » sur son site internet.

Ça peut être véritablement déprimant. Tina raconte : « Après cette soirée, je me suis sentie mal pendant plusieurs jours, humiliée, comme salie. Avais-je vraiment besoin de ça ? Étais-je tombée si bas ? »

Épargne-toi de telles expériences !

Au lieu de ces fêtes pour célibataires pathétiques, trouve-toi plutôt des soirées dansantes où tu aimes la musique, l'endroit et les gens. De préférence près de chez toi, car tu as plus de chances de tomber sur des personnes rigolotes avec qui tu as des choses en commun – célibataires ou pas.

LE *SPEED DATING*

Parler joyeusement de tout et de rien en une seule soirée avec sept hommes (ou femmes), on pourrait croire que cela n'a rien de sorcier. Au *speed dating* auquel j'ai participé, nous étions huit femmes et quatre hommes. L'une d'entre elles nous confia dès le début qu'elle n'était pas célibataire. Ah bon ?
En ce qui concernait les hommes, il y avait un employé d'une entreprise de nettoyage de bâtiments, la soixantaine bien tassée, un dirigeant athlétique travaillant dans l'industrie du tabac d'environ 30 ans, un étudiant frêle, fan de heavy metal, et un ingénieur grisonnant qui avait l'air très, très triste.
J'ai trouvé horrible de feindre un intérêt que je ne ressentais pas pour ces hommes. Je me suis sentie comme une menteuse infâme à l'idée de la déception de certains d'entre eux, lorsqu'ils allaient découvrir *a posteriori* que je ne voulais pas de leur contact. Il s'agissait de « pseudo-rencontres » sans aucune suite.
Mention : non recommandable !

LES VOYAGES POUR CÉLIBATAIRES

Un joyeux voyage en groupe avec plein d'autres célibataires, ce ne serait pas génial ?
Force est de constater que la plupart des organisateurs de ce genre d'expéditions plument littéralement les participants. Les prix sont d'au moins 30 % plus chers que pour un voyage de groupe ouvert, auquel s'ajoute un supplément pour la chambre individuelle. Et bien qu'on vous fasse croire à l'inscription qu'il y aura autant d'hommes que de femmes, ces dernières sont souvent majoritaires. Je ne connais personne y ayant rencontré un nouveau partenaire, mais il s'est avéré, selon des témoignages, que certains participants masculins étaient en réalité en couple, à la recherche d'aventures extraconjugales.
Tu trouveras de bien meilleures alternatives, où personne ne profite de toi, dans ce livre, chapitre « Voyager en célibataire » !

LE FAR WEST VIRTUEL : LES RENCONTRES PAR INTERNET

« Internet, c'est vraiment le far west ! » a commenté un jour un de mes amis. C'est valable dans le bon sens comme dans le mauvais, surtout en ce qui concerne les plates-formes pour célibataires.

D'un côté, on est devant un terrain de chasse infini avec un choix quasi illimité, en partant de contacts purement sexuels jusqu'à la relation à vie. Et d'un autre côté, tout peut t'arriver au « far west » virtuel ! L'agent de voyages téméraire est en réalité marié, l'infirmière mignonne souffre d'un grave trouble d'angoisse, le joyeux guitariste a posté une photo datant d'il y a vingt ans.

Pour survivre à l'aventure de la prise de contact sans trop de dégâts physiques et psychiques, tu devras t'armer précautionneusement !

Étape n°1 Créer ton profil sur un site pour célibataires

De grâce, ne le fais pas sans motivation, ça se sent ! Au lieu de répondre rapidement à toutes les questions par des clichés insignifiants, traite plutôt peu de questions, mais avec imagination et humour. Et sois honnête dans ce que tu révèles ; il est par exemple totalement absurde de tricher sur ton âge, ça te rapporte peut-être plus de « clics » sur ton profil, mais tu serais confronté(e) à la gêne due à ce mensonge le jour où il sera découvert. Pourquoi se sentir comme un imposteur ?

UNE IMAGE EST PLUS PARLANTE QUE MILLE MOTS

C'est tout simplement la vérité, et c'est la raison pour laquelle de bonnes photos sont la clé d'une drague réussie sur Internet. Peu importe tout ce qu'on peut lire de toi par la suite : il/elle regardera le visage que ces images montreront de toi. Et tu n'as pas besoin de te casser la tête à poster des photos hautement artistiques, car chaque image raconte quelque chose sur toi ; à toi de savoir ce que tu veux dire.

Voilà ce qui fonctionne bien

Rire

★ Oui, tout simplement. Si ton interlocuteur(trice) contemple ton visage inexpressif qui fixe sérieusement la caméra de ton ordinateur, il/elle pensera : « Mon Dieu, est-ce je veux être regardé(e) ainsi tous les jours ?! » Non, il/elle ne veut pas !

Bouger

★ C'est déjà un peu plus exigeant, mais ça fait de l'effet. Le cerveau humain est câblé pour percevoir davantage les images comportant du mouvement. Les photos « qui bougent » éveillent l'intérêt et, de surcroît, ont l'air plus naturelles, plus authentiques et crédibles que des poses statiques. Fais-toi prendre en photo par un ami durant ton activité sportive ou pendant que tu t'amuses simplement !

À l'extérieur

★ La nature comme fond d'image, ça marche toujours, surtout parce qu'elle ne raconte rien de faux ! Le problème des photos prises à l'intérieur est que tous les détails qui y figurent seront examinés avec minutie : les vilaines portes d'armoire en faux bois, les plantes flétries, les rideaux aux motifs horribles du salon de tante Marie, où tu es en train de prendre ton café : tout ça, c'est TOI ! Ça fait partie de ta mise en scène.

ATTENDS-TOI TOUJOURS À TOUT

Dans le meilleur des cas, il naîtra un échange de messages sur ce site, parfois tu trouves quelqu'un sympathique et vous vous écrivez. Mais :
Avant que tu n'aies rencontré la personne dans la « vraie vie », tu ne sais rien. Et cette rencontre-là n'a lieu selon mes recherches au mieux que dans un tiers des cas – le reste du temps, l'un ou l'autre fait marche arrière avant cette échéance. Malheureusement, ces sites sont une scène pour des personnes avec un cœur fraîchement brisé et loin de la guérison. Elles ont besoin de distraction, de changement, de compagnie, elles vident leur cœur de manière épistolaire mais ne sont pas prêtes pour une vraie rencontre.
C'est pour ça que tu ne devrais pas t'embarquer dans un long échange de

messages avec des inconnus où tu t'imagines des histoires merveilleuses. La confrontation avec la réalité est ensuite très douloureuse !

Alors: fixe plutôt rapidement ton premier rendez-vous!

C'EST PARTI POUR LE *BLIND DATE*

L'endroit parfait

Les petits bistrots confortables ou les cafés sont bien adaptés, on peut se retrouver en toute simplicité pour boire un verre. Au cas où tu te rends compte relativement vite que ça ne colle pas, tu peux lever les voiles après une heure sans commettre d'impolitesse. En été, c'est super d'être assis dehors, on a tout de suite un sentiment d'espace et de liberté de mouvement.
Propose un endroit où tu te sens bien et qui te correspond. Il n'y a rien de pire que d'être attablé tout coincé dans un restaurant chic à se sentir mal à l'aise et déplacé.
Si vous aimez tous les deux la nature, c'est une bonne idée pour une première rencontre de se balader. À flâner côte à côte de manière détendue, la conversation s'installe simplement, et les silences deviennent naturels.
Pour aller chez lui/elle, attends plutôt le deuxième rendez-vous ; accueillir quelqu'un chez soi est très personnel, et avant de le faire, il vaut mieux être sûr(e) que tu veuilles atteindre ce niveau de proximité avec la personne. Car attention ! Tu ne connais pas encore son odeur ! Fais le test tout d'abord dans ton café préféré !

Le timing optimal

Le meilleur moment pour un premier rendez-vous est la fin de journée / le début de soirée, entre 16 h 30 et 18 h 30, parce que ça permet de décider de manière spontanée si on en reste à l'apéro ou si on passe la soirée ensemble. Lorsque tu t'aperçois assez rapidement que ça ne va pas, tu fais gentiment tes adieux après une heure, tu remercies l'autre de t'avoir offert son temps, et tu t'évapores avec un sourire neutre. Si, au contraire, tu es intéressé(e), tu proposes un dîner en tête à tête en visant un prochain rendez-vous.

Attention à ton look !

Avant d'aller à ton *blind date*, réfléchis au message que tu transmets par ton accoutrement – il doit te correspondre – ainsi qu'à l'endroit où tu te rends.
En cas de balade, les talons hauts ne seront pas propices à la détente, mais il n'est pas non plus nécessaire d'arriver au café en vieux jogging.
Pour une femme, ce n'est globalement pas malin d'être habillée trop sexy lors de ta rencontre avec un inconnu, pas parce qu'il pourrait être un criminel pervers (peu probable !), mais tu te sentiras immédiatement mal à l'aise dans ta minirobe super sexy si l'homme en face ne t'attire pas du tout physiquement (hélas assez probable !).

Un jour, j'ai vu ce panneau dans un bistrot : « Le caractère d'une personne se devine facilement à sa manière de traiter le personnel. » Peu importe le comportement de ton interlocuteur avec toi, observe bien comment il agit avec ses soi-disant « subordonnés » qui ont moins d'importance pour lui. Critique-t-il le café ? Essaye-t-il de les humilier avec des demandes exagérées ? Râle-t-elle au sujet de tout ? Est-elle arrogante ou condescendante avec le serveur ? Ou y a-t-il en face quelqu'un de juste et aimable, clément avec les petits accidents et gardant son humour ? Sois sûr(e) d'une chose : il/elle te traitera un jour comme le personnel.

TROP VIEILLE POUR DE NOUVELLES RENCONTRES ? JAMAIS !

Sincèrement, j'ai moi-même pensé pendant longtemps qu'en tant que femme tu étais un jour hors jeu. Au plus tard après la ménopause, tu deviens invisible pour les hommes, tu t'évapores et disparais, lentement mais sûrement. Jusqu'au jour où je suis tombée sur le livre Plage nudiste[1], d'Elfriede Vavrik.

À 79 ans seulement, cette auteure autrichienne divorcée a **démarré** une vie sexuelle librement consentie, car après quarante ans d'abstinence, elle a réalisé qu'une existence sans sexe était préjudiciable à sa santé. Au lieu d'améliorer son bien-être à base de pilules et piqûres, elle passa une annonce et rechercha de manière ciblée des contacts sexuels. Les réactions furent époustouflantes. Dans son récit, elle décrit avec humour, sincérité et respect sa rencontre avec des hommes très différents.
De cette lecture, j'ai tiré trois leçons primordiales :

1. N.D.T. : En allemand *Nacktbadestrand*. (Ouvrage non traduit en français.)

⟶ La proximité sexuelle est importante à chaque âge, pour les hommes aussi bien que pour les femmes. Le sexe rend plus détendu et plus heureux au niveau du corps, de l'esprit et de l'âme, et, étonnamment, il résout de nombreux problèmes de santé « comme par miracle ».

⟶ Pour vivre des expériences sexuelles satisfaisantes, il n'est pas nécessaire de trouver en même temps « un(e) partenaire pour la vie ». Il se peut que cela arrive, mais si ce n'est pas le cas, ce n'est pas un problème !

⟶ Les femmes ménopausées ne sont en aucun cas inintéressantes pour tous les hommes ; au contraire, il y en a beaucoup qui sont particulièrement attirés par des femmes plus âgées.

TU AS LE DROIT !

Les réactions mitigées provoquées par le livre de Vavrik ont montré qu'elle a brisé un vrai tabou. Il devint un best-seller. Une femme âgée, libre et malgré tout sexuellement attirante n'est aujourd'hui encore pas une évidence dans notre société. Ne nous laissons pas intimider !

Je suppose que les femmes en post-ménopause surestiment en toute subjectivité la prétendue perte de leur pouvoir de séduction ; ce qui débouche sur une « prophétie néfaste ». Lorsque j'ai intérieurement honte de la disparition de ma fécondité et que je me sens « imparfaite », je dégage cela inconsciemment.

En réalité, la plupart des hommes s'en fichent totalement qu'une femme ait encore ses règles ou non. Bon, si l'homme dans ton lit rêve ouvertement d'une femme pour fonder une famille, tu as un problème, mais dans tous les autres cas, il sera plutôt content de ne pas avoir à gérer la contraception.

ENVOIE DES SIGNES CLAIRS

Il est vrai, en revanche, que souvent les hommes plus jeunes n'osent pas aborder d'une manière aussi entreprenante une femme plus âgée qu'eux. Par conséquent, tu dois envoyer des signes plus clairs pour lui signifier ton attirance et ton intérêt, tu dois « l'inviter » à flirter avec toi. Beaucoup de femmes n'en ont pas l'habitude, elles se sont volontiers reposées sur leur « rôle de fille » et ont considéré le fait qu'on leur fasse la cour comme une évidence. Alors, maintenant :

DEBOUT ET ACTIVE-TOI !

Une collègue plus âgée (et très attirante) s'est plainte dernièrement auprès de moi, parce qu'elle ne s'était plus du tout amusée à la soirée de clôture de la conférence annuelle ; on ne l'invitait presque plus à danser. Je l'ai regardée d'un air étonné et j'ai pouffé de rire, incrédule : « Alice ! Tu n'attends quand même pas réellement que les hommes viennent te voir, non ? Je vais toujours voir moi-même celui avec qui je veux danser !! »

Et que se passe-t-il?
Les hommes sont ravis!

C'est comme ça que ça marche !

> *Surtout les hommes un peu timides et en retrait sont souvent ravis d'être encouragés par une femme d'expérience, plus âgée. Pourquoi pas ?*

DE L'ART DE PRENDRE UN RÂTEAU AVEC DIGNITÉ

Une des facultés les plus importantes que tu dois acquérir si tu veux vivre une vie de célibataire heureuse est l'art d'encaisser une déconvenue. Ce qui veut dire : pouvoir accepter sans perdre la face ni la confiance en toi le fait qu'un homme ou une femme puisse refuser tes avances.

FAIS LE PREMIER PAS

C'est un terrain totalement inconnu, surtout pour de nombreuses femmes. Beaucoup d'entre nous ont grandi consciemment ou inconsciemment avec la conviction qu'une femme doit toujours être courtisée, que ce n'est pas à elle d'assurer la prise de contact – et qu'un refus de la part d'un homme constitue la perte absolue de dignité féminine.

Ce comportement reste possible en tant que femme jusqu'à la moitié de la trentaine, mais au plus tard à 40 ans, c'est terminé, à moins d'être Madonna ou Angelina Jolie.

À présent, tu as d'autres choses à offrir qui peuvent être tout aussi intéressantes et sexy que la beauté juvénile, mais elles sont moins perceptibles de prime abord. Tu es peut-être drôle, charmante, intelligente, compréhensive, pleine de repartie, d'expérience, etc., mais tu dois ouvrir la bouche pour que ton interlocuteur s'en aperçoive. Il ne suffit plus d'être visible, tu dois être audible. Ça ne veut pas dire se lancer dans des jacassements maladivement hystériques, au contraire. Mais sans aucune conversation, l'homme envoûtant à tes côtés à la réception du cocktail ne peut pas deviner l'auditrice animée qui sommeille en toi. Alors :

OUVRE LA BOUCHE !

Tu peux apprendre à faire le premier pas toute seule : lui sourire, lui demander le chemin des toilettes, ou peu importe. Tu peux apprendre à lui donner ta carte de visite après une petite conversation rigolote, juste au cas où...

Certes, tu prends le risque qu'il ne s'intéresse pas à toi ou qu'il te trouve envahissante, bête et ridicule…

Et alors?!
As-tu quelque chose à perdre?!
Tu as très bien vécu sans
cet homme jusqu'à présent, non?!

RIEN À PERDRE, BEAUCOUP À GAGNER

En réalité, tu as beaucoup à gagner en étant capable d'aborder ouvertement et gentiment des personnes qui t'intéressent. Tu ne rencontres pas seulement des amants potentiels, mais d'autres gens dignes d'intérêt, comme des partenaires de danse, de sport, de musique ou de voyage. Ces intérêts en commun sont une formidable raison pour se revoir.

Et au final, ça peut vraiment arriver : tu penses que c'est un rendez-vous, tu te mets sur ton trente et un et tu emportes des capotes. Vous passez d'un bar à l'autre, vous rigolez ensemble, vous êtes un peu éméchés, les yeux brillent, et puis vous vous retrouvez avec vos vélos à trois heures du matin à un croisement, et le silence s'installe. Tu demandes plein d'entrain : « Et si on couchait ensemble ? » Et là, l'homme baisse le regard, se racle la gorge et marmonne : « Euh, non faut que j'y aille… »

Oups ! Et maintenant ?!

Bien sûr, tu es d'abord choquée, tu te demandes si tu es trop moche, vieille/jeune ou ennuyeuse. Calme-toi : rien de tout cela n'est vrai. Au contraire, la vérité est probablement que l'homme n'a tout simplement pas osé, car il a pensé que tu remarqueras qu'il est trop moche, trop vieux ou trop jeune, que son sexe n'a pas la bonne taille, qu'il ne fonctionne pas comme il faut ou peu importe. Tu ne le sais pas. Ce qui est important :

Ne laisse pas ses doutes devenir les tiens ! Tu as fait une offre sympathique et attractive, et si l'autre ne peut pas l'accepter, c'est dommage, mais tu ne vas pas en mourir ! Uniquement celui qui ose gagne. Range le râteau dans l'armoire et reste courageuse !

LA VIE COMME UNE BOÎTE DE CHOCOLATS

Si tu as la conviction intérieure que les relations amoureuses multiples sont au fond dégradantes et que tu ne pourras être sauvé(e) de cette honte que par « la bonne personne », chaque nouveau rendez-vous et surtout chaque fin d'une courte histoire d'amour viendront renforcer cette vision horrible de ta vie de célibataire.

Et si on regardait les choses autrement?

Si on considérait la vie comme un voyage excitant au cours duquel on peut rencontrer beaucoup de gens passionnants ? Comme dit Tom Hanks dans Forrest Gump *: « La vie c'est comme une boîte de chocolats ! On ne sait jamais sur quoi on va tomber ! » Tous ont un goût si différent, palpitant et inspirant, et lorsqu'on se lance très tôt dans une relation et qu'on reste fidèle à une personne, on passe à côté de plein de choses.*

LAISSE LES NOUVELLES RENCONTRES TE TRANSFORMER

Pendant mes années de célibat, j'ai noué des liens très étroits avec beaucoup de gens merveilleux, que je n'aurais pas rencontrés dans d'autres circonstances. J'en ai accepté certains avec tout mon cœur, et ils m'ont embarquée dans leur univers. J'ai écouté leurs histoires et contemplé le monde à travers leurs yeux, j'ai ri et pleuré avec eux et j'ai aimé chacun à ma manière. Je n'aurais voulu passer à côté de presque aucune de ces rencontres.
En les considérant avec du recul, on s'aperçoit que notre capacité à leur attribuer de la valeur est liée à notre volonté de nous laisser transformer. Quand tu es prêt(e) à accepter de changer, tu peux vivre de nouvelles expériences enrichissantes.
Si, au contraire, tu essayes de trouver quelque chose de conforme à ce que tu connais déjà, tu ne verras pas la beauté de la **vraie** nouveauté. Je l'ai observé auprès de certains hommes et certaines femmes vivant leur quête

d'un(e) partenaire comme une frustration. Ils sont toujours et encore déçus, car leur relation « ne correspond pas à leurs attentes ». Et au lieu de reconsidérer celles-ci, ils se remettent en question en tant que personne et se voient comme médiocres, névrosés et incapables de vivre en couple. Inepties !

Regarde plutôt de plus près ce que t'offre la vie, au lieu de te fixer sur ce dont elle te prive !

BREF – ET MERVEILLEUX

La qualité d'une rencontre n'a aucun rapport avec sa durée ; même brève, elle peut devenir un merveilleux trésor dans ton cœur – si tu es vraiment prêt(e) à l'accueillir et également à la lâcher au bon moment.

Miriam, 53 ans, raconte : « *Un jour, je suis tombée amoureuse d'un artiste magnifiquement beau et talentueux de vingt ans de moins que moi. J'ai su d'entrée que je devais le laisser repartir, mais malgré tout, je suis reconnaissante de la chance que nous avons eue de nous aimer pour ce court instant. Trois mois. Un cadeau précieux inscrit dans mon cœur comme une petite perle.* »

Beaucoup de femmes ne regardent pas les hommes plus jeunes de peur que ce soit « de toutes les façons voué à l'échec ». Mais que veut dire exactement « voué à l'échec » ? Lorsque j'ai une relation infiniment romantique pendant trois mois, que je fais l'amour jusqu'à l'épuisement et que, oui, je dois la lâcher à un certain moment, est-ce vraiment un échec ? Ai-je vécu quelque chose de moins bien que ces femmes qui partagent leur lit toutes les nuits avec le même homme pendant vingt ans ? Dois-je vraiment **avoir honte** de cette expérience ?

La honte, c'est fini ! Vis ta vie aussi bien que possible. Si une personne passe, avec laquelle ça tient plus longtemps, tant mieux ! Sinon, c'est tout aussi bien ! Tu peux continuer à faire de nouvelles découvertes !

TA VIE AMOUREUSE DE CÉLIBATAIRE

1

Reste érotiquement éveillé(e)

Soigne tes perceptions sensorielles, prends plaisir à ressentir des impulsions érotiques. Peu importe ce qui se passe actuellement dans ta vie – ou ce qui ne se passe pas –, conserve et cultive ton « identité sexuelle », que tu sois attiré(e) par des hommes ou des femmes – ou les deux.

2

Profite de ton corps

Fais-lui du bien aussi souvent que possible. Prendre des bains, s'enduire d'huile, se faire masser, acheter des vêtements dans lesquels tu te sens bien, faire du vélo, nager, danser, se promener : tout ça stimule positivement ton rapport à ton corps.

3

Ne fais pas une fixation sur « la bonne personne »

Oui, en effet, peut-être qu'un jour le prince ou la princesse charmant(e) arrivera sur son cheval. Mais que fais-tu en attendant ? Tu restes assis(e) dans ta tour à pleurer ? Il ne vaut mieux pas ! D'ici là, tu peux aller régulièrement au restaurant avec Jérôme, faire de la marche avec Léonie, avoir des conversations super avec Damien, danser la salsa avec Benoît, flirter à la chorale avec Sébastien ou Anna – et faire l'amour de temps en temps avec Jean ou Jeanne. Pourquoi pas ?

4

Ne t'oblige à rien !

Certains célibataires accumulent tant de rendez-vous sur Internet qu'ils ont l'impression d'avoir mangé dix tablettes de chocolat. Et ensuite, c'est la grande déprime, ils se sentent nauséeux et sont dégoûtés d'eux-mêmes. Épargne-toi ça ! Écoute-toi plutôt deux fois qu'une pour savoir si un rendez-vous pareil est opportun en ce moment, ou si tu préfères plutôt voir des amis, lire un bon livre ou aller te coucher.

5

Le monde est grand !

Et je parle du vrai monde ! Au lieu de te perdre dans le virtuel, risque-toi dans la grande et vaste vie réelle. Peu importe si c'est un petit village ou Paris, quand on voit toujours la même chose, l'horizon rétrécit. Les voyages offrent une ouverture à bien des égards, et qui sait quelles rencontres t'attendent sur la table voisine dans un café à Amsterdam ou dans le bus à travers l'Arizona ?

6

Laisse-toi surprendre !

Ne crois jamais tout savoir sur les rapports sexuels épanouis. Peu importent les choses fabuleuses que tu as déjà expérimentées avec tes partenaires précédents, sois dans le présent. Autorise-toi l'ignorance et à réinventer à chaque fois le sexe avec une nouvelle personne. Éveille tes sens et éteins ton cerveau, ainsi chaque rencontre devient un cadeau.

PROFITE !

Pendant que j'écrivais les derniers chapitres de ce livre, des feuilles vert fluo ont éclos sur l'arbre devant ma fenêtre. En quelques jours, le squelette gris s'est changé en un être vivant, somptueux, parfumé et gigantesque. Le printemps est arrivé !
Ainsi, nous nous transformons continuellement au cours de notre vie. Nous ne cessons de grandir, de nous étendre, de créer des ramifications, parfois de manière imperceptible, parfois par grandes poussées.
Nous traversons l'hiver où nous nous sentons comme morts, engourdis, abîmés et noueux, et malgré tout le printemps arrive à nouveau.
Peu importe que tu vives seul ou en couple, les deux peuvent favoriser ton processus de croissance – ou l'empêcher.

Au final, c'est ta capacité de rester vivant(e) qui compte,

de prendre assez de soleil, de pluie et d'espace, d'oser continuer à grandir. Ne t'arrête pas !

CÉLIBATAIRE – ET ALORS ?

J'espère que ce petit livre a réussi à t'encourager à continuer ton chemin avec détermination, peu importe que tu vives en couple ou non, car l'essentiel, ce n'est pas ça. Bien sûr, il y a des célibataires qui restent en dépression sur leur canapé, mais rassure-toi, c'est pareil pour les couples. Une relation n'est pas la garantie du bonheur. Rien ne l'est. Le bonheur demande toujours à être reconquis. Chaque jour à nouveau. C'est comme au poker : la vie te donne un jeu de cartes en main. À quoi ça sert de te plaindre ? Avec ces cartes, tu dois jouer le jeu aussi bien que possible et, de temps en temps, tu peux tirer de nouvelles cartes.

Maintenant, tu es célibataire. Qui sait ce qui va arriver prochainement ? Tout ce que tu peux garder, c'est ton plaisir de jouer !

Affectueusement,

Ruth

Il meurt lentement

Il meurt lentement
Celui qui ne voyage pas,
Celui qui ne lit pas,
Celui qui n'écoute pas de musique,
Celui qui ne sait pas trouver grâce à ses yeux.
Il meurt lentement
Celui qui détruit son amour-propre,
Celui qui ne se laisse jamais aider.
Il meurt lentement
Celui qui devient esclave de l'habitude
Et faisant tous les jours les mêmes chemins,
Celui qui ne change jamais de repère,
Ne se risque jamais à changer la couleur
De ses vêtements
Ou qui ne parle jamais à un inconnu.
Il meurt lentement
Celui qui évite la passion
Et son tourbillon d'émotions,
Celles qui redonnent la lumière dans les yeux
Et réparent les cœurs blessés.
Il meurt lentement
Celui qui ne change pas de cap
Lorsqu'il est malheureux
Au travail ou en amour,
Celui qui ne prend pas de risques
Pour réaliser ses rêves,
Celui qui, pas une seule fois dans sa vie,
N'a fui les conseils sensés.

Martha Medeiros

COPYRIGHTS DES ILLUSTRATIONS

Toutes les illustrations de ce livre sont l'œuvre de Martina Frank (Munich), à l'exception des illustrations AdobeStock suivantes : 1re de couverture : ©ikostudioa ; 2e de couverture : ©determined ; pages 15, 66 : ©Rokfeler (plume) et ©imaginando (rond) ; pages 18-19 : ©Mimadeo ; pages 24-25, 54-55 : ©suwaruk ; pages 28-29, 95 : ©guykantawan ; pages 46-47 : ©rvika ; pages 72-73 : ©Masson.

SOURCES DES CITATIONS

Deuxième de couverture : Charlie Chaplin, *Le Dictateur*, 1940.

Page 10 : Eugen Drewermann, *Wer hat, dem wird gegeben. Die Gleichnisse Jesu*, Düsseldorf, Patmos, 2018, p. 126. Ouvrage non traduit en français. Traduction de la citation de Nina Prinzhorn.

Page 46-47 : attribuée à William Morris (peintre et architecte britannique), provenance exacte inconnue.

Page 55 : Elizabeth Green, provenance exacte inconnue.

Page 69 : Woody Allen, *Annie Hall*, 1977.

Page 95 : Martha Medeiros (auteure et journaliste brésilienne), attribuée à tort à Pablo Neruda, provenance exacte inconnue.

Dépôt légal : janvier 2019
Achevé d'imprimer en décembre 2018
Imprimé en Bulgarie